聪明的孩子要知道的大♡问题

动物语言的问题

魏凤莲◎编著

山东人民出版社

全国百佳图书出版单位　国家一级出版社

图书在版编目（ＣＩＰ）数据

动物语言的问题/魏凤莲编著．-- 济南：山东人民出版社，2014.7（2024.1重印）

（聪明的孩子要知道的大问题）

ISBN 978-7-209-08287-7

Ⅰ.①动…　Ⅱ.①魏…　Ⅲ.①动物—青年读物②动物—少年读物　Ⅳ.① Q95-49

中国版本图书馆 CIP 数据核字 (2014) 第 035573 号

责任编辑：孙　姣

动物语言的问题

魏凤莲　编著

山东出版传媒股份有限公司

山东人民出版社出版发行

社　址：济南市市中区舜耕路517号　邮　编：250003

网　址：http://www.sd-book.com.cn

发行部：(0531) 82098027　82098028

新华书店经销

三河市华东印刷有限公司

规　格　16 开（170mm × 230mm）
印　张　10
字　数　80 千字
版　次　2014 年 7 月第 1 版
印　次　2024 年 1 月第 2 次
ISBN　978-7-209-08287-7
定　价　39.80 元

目　录

第一章

动物常用"声音"表露心迹

01 猫是动物界的语言专家

猫是一种非常常见的动物，是全世界家庭中养得最多的宠物。猫行动敏捷，长相可爱，叫声温柔，深受人们喜爱。

猫有许多的交流方式，它们可以使用声音、动作、耳朵、嘴以及尾巴进行交流。

在诸多交流方式中，声音语言是非常特别的。猫咪是动物界的语言专家。猫的叫声不仅能向外传递信息，而且能表达自己的感情。如果猫的主人能懂猫叫声中的意思，就可以和猫咪交流。

性格不同的猫叫声不同，有的比较嘴贫，有的比较沉默，只有常年和它相处，才能读懂它的言语。养猫的人经常能听到猫的咕噜声、喵喵声以及吼叫声。

实际上，猫妈妈常会用各种声音与小猫交流，并对小猫进行教导和惩戒。小猫会在猫妈妈的各种声音中，一天天长大。

当猫高兴或满意的时候，就会发出咕噜声，且不同猫发出的咕噜声也是非常不同的。人们很容易将猫的咕噜声和刺耳的吼叫声区分开。猫发出的咕噜声是高兴的意思，而吼叫声是在表达愤怒，抵抗入侵的其他的动物，两种声音的意思是完全相反的。

为了吸引别人的注意力，猫会发出喵喵声。喵喵声也分很多情况，

丛林猫

知识链接 猫从高处跳下安然无恙

如果将猫从楼上摔下来，它不会摔死，而是会安然无恙地落到地面。猫为什么会有这种本领呢？

这是因为猫的体内各种器官的平衡功能比一般其他动物完善，当它被从高处扔下、身体失去平衡的时候它的眼睛首先看到了，同时内耳的平衡器官也很快感觉到了。然后通过一系列的信息传递，将失去平衡的身体调整到正常的位置。

另外，猫每只脚掌下生有很厚的肉垫，每个脚趾下又生有小的趾垫。肉垫和趾垫起着极好的缓冲作用。

知识链接 猫咪爱打架的原因探秘

人们经常能看到两只猫咪打架，为什么猫咪那么爱打架呢？一般来说，猫咪打架有两种原因，一种是自己的领地被入侵了，一种是处于发情期，雄猫为争夺雌猫而发生冲突。人们经常会发现一些流浪猫浑身是伤，甚至瞎了一只眼睛，都是互相打架的结果。

如果喵喵声短促而且音调很高，则表示猫正在寻找自己的主人。如果喵喵声时间长而洪亮，则表示猫想要进来、出去，或者想吃东西。

猫也有生气的时候，如两只猫打架的话，它们就会冲着对方长时间吼叫，以表达自己的愤怒，然后，双方就会相互扭打在一起。

知识链接　馋猫为什么喜欢鱼和老鼠呢？

生活中，如果谁比较馋的话，我们就会用"馋猫"这个词来形容他。为什么形容嘴馋的人为"馋猫"呢？难道猫这种动物真的很馋吗？

猫特别钟情鱼和老鼠。猫之所以钟情于这两样食物，有着深层次的原因。原来，猫属于夜行性动物，体内必须保持一定量的牛黄酸，这种物质是提高夜间视力的必备物质。而鱼和老鼠的体内牛黄酸含量是十分丰富的。

另外，猫还会用呜呜声表示自己在保卫它认为很重要的东西，不希望其他的人和动物靠近。如果猫趴着，嘴里发出呜呜声，但是人们又找不到它在保护什么，那它很可能将保护的东西藏在自己身子底下了。

爱猫就要用心体会猫的叫声，用心去感受它们的情绪与需求。

02　狗的不同叫声能说明什么

狗最普通和最重要的社会角色是人类的同伴。正因为狗在各个方面与人类工作和生活的关系极为密切，以至于它们被称为"人类最忠诚的朋友"。

狗的听觉和嗅觉都非常敏锐，一直以来都是用来看守门户的，有的甚至可以训练成军犬、警犬。

那么狗是怎样用声音语言与人类进行交流沟通的呢？

狗的听觉非常敏锐。

狗的交流沟通与听觉有着密切联系。狗的听觉敏锐，可分辨极为细小和高频率的声音，而且对声源的判断能力非常强。狗的听觉是人的听觉的16倍，当狗听到声音时，在耳与眼的交感作用之下，完全可以做到眼观六路，耳听八方。即使它睡觉的时候，也会保持着高度的警觉性，对半径1千

知识链接 比格犬的叫声

比格犬是世界名犬之一，属于狩猎犬。比格犬外形可爱，性格开朗，惹人怜爱，活泼好动，善解人意，吠声悦耳，受到人们的喜爱。

喜欢吠叫是比格犬的一大特征。有些时候，有一点动静它就会大吼大叫。比格犬的吠叫多数来自于外界的刺激。如有陌生人走近，有其他犬类走近，或者是一些其他东西出现在它们的领域范围之内。在这些情况下，比格犬的吠叫就是警戒的意思。

有时比格犬也会因为兴奋而大声吠叫。不过，如果让它独处的时间太久，它觉得孤单寂寞的时候，也会以吠叫来表达自己的不满。

如果想要比格犬安静的话，要进行一些训练。因为"叫"是比格犬的一大特征，它们不知道什么时候能"开口"，什么时候该"闭嘴"，所以要进行适当的训练。训练要有足够的耐心，不能操之过急。

知识链接 千万不要给狗吃巧克力

无论你多么喜欢自己的宠物狗，也千万不要给它吃巧克力。因为巧克力对狗来说可不是什么好东西。狗吃了巧克力后，会不断流口水、瞳孔扩张、心跳加快、极度亢奋，甚至昏迷。如果你不想你的狗变得如此可怜难受，就不要给它吃巧克力。也许你是一片好心，但是无形中会给爱犬造成痛苦。那么，为什么狗不能吃巧克力呢？

原来巧克力中含有一种名叫咖啡碱物质，这种物质对人无害，但是对狗来说却类似毒药。给狗吃了巧克力之后，这种物质会造成输送至狗脑部的血液流量减少，导致各种不适。

知识链接 非洲大草原上最凶悍的"清道夫"——鬣狗

在非洲大草原上，每当夜深人静的时候，从大草原深处，常常会传来令人毛骨悚然的大笑声或是号叫声，那是鬣狗在捕杀猎物或者互相戏耍所发出的声音。

鬣狗的个头中等，但头比普通的狗更短且圆，毛为棕褐色或者棕黄色，并伴有许多不规则的黑褐色斑点。鬣狗主要生活在非洲，以兽类腐烂的尸体为食。鬣狗的牙齿尖锐，咬东西的能力很强，甚至能咬碎坚硬的骨头，吸取里面的骨髓，鬣狗被称为非洲大草原上最凶悍的"清道夫"。

米以内的声音，它能分辨得清清楚楚。对声音方向的辨别能力是人类的两倍，能分辨 32 个方向。

狗可以对人的口令和简单的语言进行分析，根据音调、音节变化建立

起条件反射。

　　有的人在对狗下达命令的时候，总喜欢用很大的声音，其实完全没有必要。过高的声音或音频对狗来说是一种逆性刺激，会使它受惊，有惊恐的感觉。当然，在它犯错误的时候，可以提高一点声音，让它下次注意。

　　狗不仅能听懂人类的语言指令，同时它的叫声也是在传达它的语言信息。狗的叫声虽不能表明具体的含义，但可以通过叫声的变化将自己的心理状态传达给自己的同伴或主人。

　　人们常能听见狗的"汪汪"声，其实狗的"汪汪"声因音调的不同，表达的含义也是不同的。高音调的"汪汪"声，表示狗发现特殊情况，如有陌生人闯入，它们就会用这种声音向同伴或主人报警；温柔、短促的低音调"汪汪"声，表示狗很高兴或有所要求，如出门的主人回到家，或者它饿了，想吃东西。

　　当狗遇到敌害或警觉时，会发出短促、连续而洪大的"喔喔"声，想用这种声音来达到恫吓的目的，如陌生人走进狗看守的家门，或两条狗狭路相逢的时候。当"喔喔"的音调变低、音节拖长、沉重，极具威胁性时，表示狗要发动进攻了，如陌生人走进它看守的家门，或狭路相逢的狗没有退让的意思。

　　如果狗发出连续的、低沉的，近乎是抽泣的鼻音"嗯嗯"声，说明狗的痛苦加重，可能是生病或受伤了。当狗发出由高到低、长长的号叫声，似狼嚎的"嗷呜"声，表示狗很痛苦，很无聊，或是在呼唤远方的同伴。

　　如果狗被夹伤、踩伤，其他的狗会上前进行安慰。虽然受伤的狗不能告诉同伴自己为什么会被夹伤或被什么东西夹伤等信息，但是却可以通过嗷嗷叫的声音，表达自己遭受了突如其来的剧烈疼痛，这种叫声一般比较短促，但是很高昂。

　　当狗在悲伤寂寞时，会发出"呜呜"的声音。如在幼犬离开母犬，或欲望无法达到，或向主人表示乞求等，就会发出这种声音。

动物语言的问题

03 令人毛骨悚然的狼嚎

从外形上看，狼跟狗长得很像，但与狗还是有很大区别的：狼的两只耳朵通常平行地垂直竖着，狗的两只耳朵通常是下垂的；狼的吻部比狗的吻部长而尖，口也稍微宽阔，牙齿很大，眼向上倾斜，位置比鼻梁高一些；狼背部的毛比较长，胸部宽阔；狼的尾巴比狗的短而粗，毛比较蓬松，常常下垂在两条后腿之间，不像狗的尾巴经常是向上卷着，比狗的粗。

那么，与狗很相像的狼的声音语言是怎样的呢？

要想了解狼的声音语言，先要了解狼的习性。狼是一种夜行性动物，喜欢在夜晚到处活动。因而在有狼出没的夜晚，常常能听见让人毛骨悚然的狼嚎声。狼的适应能力很强，在山地、林区、草原、荒漠，甚至天寒地冻的地方都可以生存下来。狼既不怕热，也不怕严寒，栖息地十分广泛。

狼不仅适应能力强，自身也有很多本领，它们的嗅觉、听觉敏锐，非常机警，擅长奔跑，常常采用锲而不舍的方式捕获猎物。狼是杂食性动物，主要以鹿类、羚羊、兔等为食，有时也吃昆虫、野果，趁人不备它们会潜入村庄，偷食猪、羊、鸡等家畜或家禽。另外，也曾经发生过狼吃人的事情。狼就是这样，生性残忍，喜欢群居。

在有狼出没的地区，每到夜深人静的时候，往往会听见群狼的嚎叫。狼可以通

狼的适应能力很强。

知识链接

为什么不把狼赶尽杀绝？

在人类社会中，存在着仇狼的观念。狼生性凶残，是肉食性动物，吃小动物，有时候到农民家里偷吃小鸡、小兔、小羊等家畜和家禽，甚至叼走小孩，所以人们恨狼。

另外，在一些寓言故事和文学作品中，常常把狼描写为生性凶残、阴险狡诈的动物，并常常被冠以狼心狗肺、狼狈为奸、狼子野心等恶名。狼如此邪恶，为什么人类不将其赶尽杀绝呢？

其实，狼除了邪恶的一面，还是有很多用处的。狼的皮毛可以做衣服，非常暖和，狼油可以做中药，狼肉可以食用。此外，狼可以吃掉一些破坏森林和草原的一些野兽，能够保持生态平衡。

人类不仅不会把狼赶尽杀绝，很多民族还把狼作为图腾来崇拜。因为它们有着嗅觉敏锐、善于捕捉机会、团结协作等让人十分敬佩的优点。

过嚎叫进行信息传递，至少可以给人们传递一种信息——附近有狼。根据狼嚎的远近，人们可以判断狼的远近，早做些预防。尤其在牧区，牧人们更加警惕，害怕残酷贪婪的狼伤害自己的羊群。对于狼来说，它们的嚎叫，对于它们自己意味着什么呢？根据研究发现，狼嚎一般有四个目的：一是用嚎叫声呼唤同伴，因为狼是群居性动物，每当它们准备外出觅食的时候，就会一边走一边发出低低的号叫声，来招呼同伴一同前去捕猎；二是用嚎叫声交换信息，比如，小狼在饥饿的时候，就会通过嚎叫声来呼唤狼妈妈，或是周围有敌情、猎物信息，也会通过嚎叫声进行传递信息；三是用号叫声寻找配偶，在发情时期，狼会用大声的嚎叫以引起异性的注意，让异性前来交配；四是用嚎叫声震慑其他动物，把其他族群的动物从自己的领地上赶出去。因而很多小动物，一听到狼嚎就会落荒而逃。

知识链接 夜晚，狼的眼睛闪着绿光

夜晚，狼的眼睛会闪着绿光，伴随着嚎叫声，令人不寒而栗。为什么狼的眼睛在夜里会发绿光呢？下面就为读者解释一下。

事实上，狼的眼睛本身并不会发光。狼的眼部结构很特殊，在它的瞳孔底部有一层薄薄的膜，上面密布着一些特殊的晶点，这些特殊的晶点有很强的反射光线的能力。每到夜里，这些特殊的晶点就开始发挥作用了，能将周围非常微弱、分散的光线收拢并聚合在一起，然后集中反射出去。这样一来，在黑夜里，狼的眼睛看起来就好像发光，而且看上去绿莹莹的。

知识链接 读懂狼的身体语言

狼不仅可以用声音传递信息，还可以用身体语言表达内心的想法。

一般占优势主导地位的狼会很有威严的样子，会身体挺高，腿直立，神态坚定，耳朵直立向前。而当级别高、占优势主导地位的狼一直盯着一个地位低下的狼时，地位低下的狼会将尾部纵向卷曲朝背部，表示臣服的意思。

愤怒的狼耳朵会竖立，背毛也会竖立，唇可卷起或后翻，露出门牙，有时也会弓背或咆哮；害怕的狼会试图把它的身子显得渺小，从而不那么显眼，或拱背防守，尾收回；高兴的狼会全身伏低，嘴唇和耳朵向两边拉开，有时会主动舔或快速伸出舌头。

因此，人们经常在夜深人静的山区听到狼嚎，原来是它们在用叫声进行语言交流。

04 兔子用叫声表达情绪

兔子是一种可爱的小动物，长着长长的耳朵，短短的尾巴；前肢比后肢短，后肢比前肢强健有力。

兔子会因为害怕或疼痛而发出尖叫声。

可爱的兔子可以通过各种方式表达情绪，兔子的听觉锐敏，嗅觉敏感，胆子非常小。当有突然响动时，就会马上戒备或迅速逃跑。比如，陌生人、狗、猫、蛇、鼠等出现的时候，兔子就会显得惊慌不已，会发出响亮的啪啪的跺脚声，会惊慌地奔跑，或撞击笼子，以求躲避敌害。

研究发现，兔子不仅可以通过这些行为表达情绪，还可以通过叫声表达情绪。当兔子咕咕叫的时候，通常是在表达对人或同类的不满情绪。比如，如果兔子不喜欢被抱的时候，有人去抱它，它就会发出咕咕的叫声。如果抱它的人不明白它的意思，强行抱它，它就可能气得咬人。

当兔子发出喷气声，就表示有什么东西威胁到它了。如果是人对兔子造成了威胁，当兔子发出喷气声后，人也没有停止动作，兔子急了可能就要咬人了。

兔子的尖叫声和人一样，通常是因为害怕或者疼痛的缘故。如果突然听到兔子发出尖叫声，就要注意了，看看是不是出现了什么庞然大物，让兔子感到害怕，或者是兔子受伤了，疼痛难忍的缘故。

知识链接 兔子会吃自己的粪便

世界之大无奇不有，兔子居然会吃自己的粪便。兔子不仅会排出硬硬的黑色小圆球粪便，偶尔也会排出一些柔软的粪便。每当兔子排出柔软的粪便时，就会回头吃下软软的粪便。

兔子为什么会吃这些粪便呢？原来，兔子排泄的柔软的粪便中含有一些特殊成分，就是食物中初次无法消化的植物纤维和一些没有被吸收的维生素、蛋白质等。兔子将这些柔软粪便重新吃进肚子里之后，吸收掉其中的营养成分，然后再排出硬硬的小圆球粪便。

知识链接 为什么白兔的眼睛红红的？

仔细观察你会发现，除了白兔以外，各种颜色的兔子，眼睛的颜色与其毛色都是一样的，唯独白兔，它们的眼睛是红红的，与它的毛色完全不一样。这是为什么呢？

兔子的毛色不同是由于它们的表皮含有不同的色素，这些色素的颜色不仅表现在毛色上，同时也表现在眼睛上。

白兔之所以是白色的，因为其表皮是缺乏色素的，毛中不含色素，因而全身雪白；白兔的眼球表皮也不含色素，但是却有很多微细血管，透明的眼球中的微细血管中流动着血液，因此，看起来眼睛是红红的。

如果你曾经养过兔子，可能会听见过兔子的磨牙声。兔子的磨牙声表达什么意思呢？这要分为两种情况，大声磨牙表示兔子身体疼痛；轻轻磨牙声表示兔子处于快乐之中，这时兔子的眼睛通常是半开半合的，很享受的样子。另外，兔子格格的咬牙声也是兔子疼痛的表示。

兔子还会发出嘶嘶的叫声，它们只有对同类才会发出这种声音，这种声音代表一种反击和警告，是告诉同类别靠近它，否则它就会采取攻击了。

兔子在发情的时候，会发出低沉而有规律的叫声。当公兔追逐母兔时，很容易就能听见这种声音。

胆小的兔子的奔跑速度非常快，刚生下来的小兔子就有了视觉和听觉，出生不久就可以奔跑了。兔子喜欢吃野菜、野草、嫩枝和树叶等。兔子喜欢单独居住，白天的时候总是处在休息或者假寐的状态。

知识链接　澳大利亚野兔成灾的真相

澳大利亚原本是没有野兔的，只是在 1859 年，居住在澳大利亚维多利亚州的一个来自英国的农场主为了有吃不完的兔肉和随心所欲打野兔的乐趣，从欧洲弄来 24 只兔子。就是这 24 只兔子，在澳大利亚引发了一场可怕的生态灾难。在澳大利亚，这些兔子没有天敌，又能快速繁殖，于是野兔越来越多，最后泛滥成灾。

为了消灭这些野兔，人们想了不少的办法。先是引进野兔的天敌狐狸，但没想到的是野兔没消灭多少，其他物种倒是被狐狸消灭了不少。后来，人们开始使用生化战术对抗野兔，但时间长了，兔子开始产生了抗体，越来越不容易被消灭了。直到现在，澳大利亚的野兔问题还是那么令人头疼。

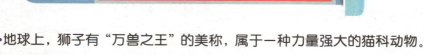

雄狮的咆哮是一种严厉警告

在地球上，狮子有"万兽之王"的美称，属于一种力量强大的猫科动物。在狮子活动的领域，其他动物都处于劣势。

凶猛的狮子是一种群居性动物，数量相对比较稳定。一个狮群通常由4～12只有亲缘关系的母狮，还有这些母狮生的小狮子，以及1～6只雄狮组成。这几个雄狮往往也有亲属关系，多是兄弟或者表兄弟。

狮子虽然凶猛，但是外形漂亮。雌雄狮子的外形有很大的区别，最明显的一个区别就是雄狮长着狮鬃，体型比较大，而雌狮没有狮鬃，体型也要比雄狮小很多。在狮群中，雄狮的咆哮声是一种非常特别的语言。

在狮群中，负责狩猎工作的主要是雌狮。不论白天黑夜它们都可能出击，不过夜间的成功率要高一些，这些雌狮总是从四周悄然包围猎物，并逐步缩小包围圈。在包围的过程中，有些负责驱赶猎物，有些负责伏击，分工极为明确，捕获率也很高。

在狮群中，雄狮很少参与捕猎，基本只负责享受美食。尽管雄狮懒惰，但是仍然能受到雌狮的尊重。雌狮捕回来的猎物，通常雄狮用膳完毕之后，是地位最高的雌狮，最后才是狮宝宝们。

雄狮之所以备受尊重，与它的威严也是密不可分的。雄狮的咆哮之声，可是对狮群的安全起着很大的作用。每当遇上入侵者，或者仅仅是不巧经过的陌生狮子，雄狮都会咆哮着警告："赶紧

雄狮的咆哮之声，可是对狮群的安危起着很大的作用。

知识链接

大狮子吃小狮子

科学家在非洲草原进行动物考察时，发现了一个不可思议的现象，就是号称"万兽之王"的狮子，小狮子的死亡率高达80%。狮子在非洲大草原是所向无敌的，除了人类之外，没有野兽能伤害它们。那么，这些小狮子是怎么死的呢？科学家经过长期的观察发现，这是大狮子虐待小狮子的结果。有时候，大狮子为了培养小狮子，会不让小狮子吃食，或者将小狮子驱逐出群，使它们遭受饥饿和被其他猛兽袭击的厄运。

在食物严重不足的情况下，母狮有时会狠心地把小狮子咬死，然后当作食物进行充饥。另外，懒惰的雄狮在饥肠辘辘时，也常常会吃掉小狮子。

止步，否则后果自负！"

有时候来势汹汹的外来雄狮，或者狮群内部实力增强到一定程度的年轻雄狮，会咆哮着向当前狮王发起挑战，试图取而代之。每当这个时候，一场生死攸关的激烈厮杀就在咆哮声中展开了。

一般来说，狮子可分为两个亚种，非洲狮及亚洲狮。可是在亚洲，现在除了印度以外，其他地方的狮子均已经消失。在非洲，北非也不再有野生的狮子。目前狮子主要分布于非洲撒哈拉沙漠以南的草原上。

06 猴子的语言交流很顺畅

猴子不仅吃东西快，而且反应快。

猴子是灵长目动物的俗称。它们的大脑发达，是与人类亲缘关系最近的一类动物。

猴子眼眶朝前，眶间距比较窄，手指和脚趾都是分开的，大拇指很灵活，多数能与其他趾（指）对握；尾巴长短不一，有的不能卷曲，有的则没有尾巴。

猴子生性活泼好动，喜欢在树上跳来跳去，它们的交流也很频繁。

交流频繁的猴子大多数生活在有树木的地方，只有环尾狐猴、狒狒和叟猴地栖或在多岩石地区生活。猴子通常以小家族群活动，偶尔也会结大群活动。多数猴子能直立行走，但时间不会太长。它们多在白天活动，当然也有在夜间活动的猴子，比如指猴、夜猴等。

交流频繁的猴子为杂食性、吃植物性或动物性食物。它们选

知识链接 **为什么猴子没有眼白？**

我们人类的眼睛都是黑白分明的，但是猴子却跟我们不一样，它们的眼睛没有眼白，而是黑乎乎的一片。其实，并非猴子没有眼白，只是它们的眼白呈现茶褐色，与黑眼球难以区分开来，不仔细看的话，就觉得是一体的。

择食物和取食方法因不同种类而各异，如指猴善于抠食树洞或石隙中的昆虫吃，饭量不是很大。而猩猩的食量非常大，几乎用绝大部分的活动时间找食物。大多数猴子的食物以植物、果实为主。

仔细观察你会发现，交流频繁的猴子吃东西特别快，一眨眼的工夫，一个桃子可能就不见了。这是因为猴子的口腔内部构造与别的动物不同，它嘴的两边各多长了一个"颊囊"，形状如同口袋，可以用来贮藏食物。当得到食物时，猴子们总是争前恐后，将食物抢夺过来，放在颊囊里存起来，等有时间了再细嚼慢咽。

猴子不仅吃东西快，而且反应快。这是因为猴子大脑发达，与人类亲缘关系较近，能模仿人类的很多行为。

经过训练，猴子可以帮助人们做好多的事情。不仅如此，科学研究发现，

知识链接 猴子的屁股为什么是红的？

猴子的屁股是红红的，看起来非常有意思。为什么猴子的屁股是红的呢？难道是天生的吗？其实，猴子的屁股之所以是红的，跟猴子的日常行为有很大的关系。

猴子是非常喜欢坐的动物，因而屁股经常在地上蹭来蹭去。毛被磨掉之后，皮肤就露出来了。屁股上的皮肤里有许多血管穿过。平时可能不太显眼，但一到发情期，性激素增多，血液循环加快，特别是屁股皮肤上的血管和脸上的血管便清楚地显露出来，所以，猴子的屁股就特别的红。处于发情期的猴子，不但屁股是红的，而且脸也是红的。

闪闪发光的金丝猴

知识链接

猴子的种类很多，其中一种有着闪闪发光的金黄色的皮毛，因而被称为"金丝猴"。金丝猴为我国一级保护动物，群居性很强，常常一起栖息在高山密林之中，它们主要生活在树上，偶尔也到地面上找食物。金丝猴主要以野果、竹笋、嫩芽和苔藓植物等为食，有时候也会吃花、果、嫩树枝和树叶等，如果能找到鸟蛋、鸟和昆虫，就可以改善一下伙食了。

雌金丝猴通常一胎生一个金丝猴宝宝，很少能生两个金丝猴宝宝。刚出生的金丝猴宝宝的脸是暗蓝色的，毛色是棕褐色的，叫声就像婴儿哭泣一样。可爱的金丝猴有很多的天敌，如豺、狼、豹、金猫以及雕、鹰、鹫等。

猴子还会用不同的声音表达自己面临不同敌人的威胁，这是其他的一些动物很少有的。比如，正在站岗放哨的猴子，如果看见豹子来了，就会像狗一样"汪汪"叫起来；如果看到毒蛇逼近，它就会发出急促的"嘶嘶"声；如果看见秃鹫的话，就会发出低沉的喉音。因而，熟悉猴子的人们，经常能够通过猴子所发出的声音判断出了什么情况。

猴子通过声音与同伴交流信息，通过一定的指令进行行动。在一个猴群里，最有指令权的就是猴王了。我们都知道，猴子是群居动物，总是会几十只甚至几百只地集群活动，而在一个猴群中，肯定有一只身强体壮的公猴为"猴王"。

猴王为了显示自己至高无上的地位，总是喜欢占领制高点，独坐在猴山顶峰，高高翘起弯成 S 形的尾巴，给众猴子一种威风凛凛，不容小视的感觉。在一个猴群里，猴王的权利是很大的，它可以优先挑食，独自享有交配权利。如果有猴子不服从管制，就会遭到猴王的严厉训斥。

07

吼猴那如雷般的吼声

吼猴是拉丁美洲丛林中最有趣的一种猿猴。个头与普通的狗差不多，尾巴有一米多长，在南美猴类中，吼猴很具代表性。吼猴的身上披有浓密的褐红色的毛，且能随着太阳光线的强弱和投射角度不同，变幻出从金属绿到紫红等各种色彩，看上去十分美丽。

吼猴最为人们所关注的就是如雷般的吼声，它们就是用这种吼声来进行信息传递的。

吼猴是植食性动物，多以植物的果实、树叶等为食，食量很大。喜欢在树上生活，很少到地面活动。饿了它们就吃果实、树叶，渴了就吃潮湿树叶，喝露水解渴。吼猴多分族而居，每个家族中的雌猴为所有雄猴共有，雄猴拥有全族的领导权和防卫责任。幼猴与父母一直生活到性成熟之前，之后就会被本族逐出。

吼猴一般喜欢在早晨和黄昏活动，可发出很大的吼声，当吼猴需要传递信息、联系伙伴的时候，就会发出这种吼声。因为传递信息的不同，吼猴发出的吼声长短也不同。

另外，吼猴同其他猴类一样，都有自己的领地。边界上会有两只吼猴守卫，通过吼叫相互警告入侵者，不得擅自越过边界。吼猴同类之间相处融洽。如果有敌害或异族走近它们的领地，雄猴便以齐声吼叫或其他行为

能吼的吼猴

知识链接 红吼猴

红吼猴是吼猴中有名的一种。雄猴和雌猴都是呈深红褐色，但随着年纪的增长会逐渐褪色。红吼猴的尾巴上有毛，但最末的底部却没有毛，这样更方便抓住东西。红吼猴的面部周围都有毛，鼻子粗且短。

红吼猴也常年生活在树上，喜欢在白天活动，很多时间会停留在树冠上。它们喜欢用四肢行走，很少进行跳跃。它们的第二指及第三指隔得比较远，这样适于抓住树木。

红吼猴一般会成小群生活。它们是一夫多妻制的。小群中会有一只雄性领袖，负责带领其余的红吼猴寻找食物及保卫它们。小群中的雌猴会照顾小红吼猴。一般雄猴会在黎明时分吼叫，让其他吼猴群知道它们的存在，这样可以避免群落之间互相侵犯，减少因打斗而消耗体力。由于红吼猴是全素食者，是低糖的，故保存能量对于它们来说，是十分重要的。

知识链接 黑吼猴

黑吼猴是吼猴的一种，主要分布在巴拉圭至阿根廷北部。黑吼猴的尾巴很长，几乎与身体等长，又长又粗的尾巴缠绕性很强。成年黑吼猴体重8千克左右，是西半球体型最大的猴子。黑吼猴主要吃果子、树叶和种子，喜欢成群在树枝上缓慢地活动，偶尔也在树枝间进行跳跃，也可以发出很响的叫声。

将侵犯者吓走。它们的团结性和斗争性是非常惊人的。

可能有人会问了，为什么吼猴能发出这么大的声音呢？这还要从吼猴的舌骨构造说起。吼猴的舌骨特别大，能够形成一种特殊的回音器。每当它需要发出各种不同性质的声音时，它就能让异常巨大的吼声，不停息地

响彻于森林之中。

通常，一只雄吼猴先在一棵树上吼叫，猴群中其他的吼猴听到雄吼猴的吼声后会立即加入，最后就有20～30只吼猴一起吼叫。用它们特有的"大嗓门"，发出如雷般的吼声，四处咆哮呼号，震撼四野，那气势尤为壮观。它们的声音可以传播到很远的地方，甚至传达至1.5千米以外的地方。远处的其他吼猴群听到后，也会加以回应，很快整个森林里都会响起吼猴的吼声。通过这种方式，一个吼猴群可以知道其他的吼猴群觅食的位置，这样就可以为其他的吼猴群让路，从而避免冲突。

长臂猿是哺乳动物中的"歌唱家"

长臂猿活在高大茂密的树林里，是国家一级保护动物，是猿类中最细小的一种，也是行动最为快捷、灵活的一种。

长臂猿身高一般在1米左右，体重约10千克，毛色驳杂。大多数时间是在树上生活，偶尔会下地活动，下地后能直立起来，站立的时候，双膝弯屈，把前肢张开或高举在头顶上，以此来维持身体平衡。

长臂猿有一个美称，被称为哺乳动物中的"歌唱家"。这是因为长臂猿发出的声音犹如歌声，委婉动听。长臂猿能发出如此美妙的歌声，跟它们的喉部结构有关。长臂猿的喉部长

长臂猿

有喉囊，又称音囊，每当长臂猿喊叫的时候，音囊可以胀得很大，使喊声变得极为嘹亮。长臂猿特别喜欢喊叫，喊叫的形式多样，不仅有美妙的"独唱"，雌雄配合的"二重唱"，还有声势浩大的"大合唱"等等。

在这里，尤其要特别说一说它们气势磅礴的"大合唱"，每当要进行"大合唱"的时候，一般是成年雄长臂猿首先发出引唱，然后成年雌长臂猿伴以带有颤音的共鸣，然后群体中其他成员发出单调的应和，它们的"大合唱"的音调由低到高，清晰而高亢，震动强烈，几千米之外都能听得到。长臂猿"歌唱"的行为，既是群体内互相联系、表达情感的信号，也是对外显示自己

知识链接 黑长臂猿与白颊长臂猿

黑长臂猿雄性和雌性之间的毛色相差非常大。此类雄长臂猿全身完全是黑色的，至多在嘴角边有几根白毛。雌长臂猿的毛色从黄灰色到淡棕色，在头的顶部和腹部有一黑斑。黑长臂猿主要吃树上的果子，偶尔也吃一些树叶和小动物。主要分布于中国云南、老挝和越南。

在我国云南还有一种长臂猿，那就是白颊长臂猿，它的分布仅限于云南南部的几个县境内，数量非常少。

白颊长臂猿躯体更加纤细，而四肢显得更长。白颊长臂猿面颊的两旁从嘴角至耳朵的上方各有一块白色或黄色的毛。此类雌长臂猿的毛为橘黄色至乳白色，腹部没有黑色的毛，这一点与黑长臂猿有明显的区别。雄长臂猿全身黑色，唯两颊各有一大型白斑。白颊长臂猿以多种热带浆果、核果、坚果为食物，特别喜食榕树果，还经常以嫩树叶、花苞、树芽等为食物，也食昆虫、小鸟和鸟卵等。

的存在、防止其他种群入侵的手段。当然，它们高昂悦耳的"歌声"有时也会给自己招来麻烦，因为偷猎者正是根据长臂猿的"歌声"知道它们在哪里的。

长臂猿不仅是哺乳动物中的"歌唱家"，还是非常出色的"空中杂技演员"。长臂猿的前肢都很长，可接近身长的两倍之多。当长臂猿站立站起来的时候，垂下两手几乎可以触到地面。两条灵活的长臂和钩形的长手，使它们穿越树林如履平地。长臂猿是名副其实的臂行能手，跳跃时，还能用单臂把自己的身体悬挂在树枝上，双腿蜷曲，来回摇摆，可以像荡秋千一样

知识链接 "猿"和"猴"是一种吗？

人们经常把猿和猴称为猿猴，其实猿和猴有很明显的区别。

从外形上看，猿没有尾巴，猴有尾巴；猿后脚比前脚短，猴的后脚比前脚长；

猿走路时以指节着地或前脚高举，猴走路时前脚掌着地；

猴的脸上有颊囊，采食时可以将食物暂时存在颊囊内，猿的脸上则没有这一秘密武器；

猿小臂上的毛是向外横着长的，猴小臂的毛是往手掌方向顺着长的。

知识链接 猿猴的模仿能力来自何方？

猿猴是人类的近亲，在动物的分类上和人一样属于灵长类。我们都知道猿猴的模仿能力很强，它们不仅能跟人们学会一些简单的动作，而且还能学会一些较为复杂的动作。猿猴之所以善于模仿，主要是因为它们的智能比较发达。

猿猴长期在树上生活，行动的过程中需要较大的灵活性和肌肉的协调性，它们的大脑受到这种生活的影响，结构变得复杂而完善。大脑越复杂完善，就越聪明。这样猿猴就相应地具备了一定的识别和学习能力。

荡跃前进，从一棵树上荡到另一棵树上，一次腾空移动的距离可以达3米远，每次可以连续荡跃达到8～9米远，而且速度非常惊人。当它们摆荡的时候，可以攫捕到飞翔的鸟儿。雌长臂猿还可以带着刚出生不久的小长臂猿一起在高大茂密的森林的上空飞速跳跃。有时候它们一边跳跃一边歌唱，如同大森林里会唱歌的"飞鸟"一般。

目前世界上共有七种长臂猿，我国国内有白掌长臂猿、白眉长臂猿、黑长臂猿和白颊长臂猿四种。不论是哪种长臂猿，都能用它们特有的声音进行信息交流。长臂猿与红毛猩猩、大猩猩、黑猩猩并称"四大猿"。

09 "知了、知了"是什么意思

蝉俗称"知了"，属于同翅目，蝉科。一般生活在热带亚热带和温带地区，在寒带很少能看见蝉的身影。蝉喜欢用针刺器吸取树汁，主要以树木的汁液来维持生活。因为蝉吸取树根液汁，因而对树木有害的。蝉长着两对翅膀，复眼突出，还有三个单眼。幼虫期叫蝉猴、知了猴或蝉龟。蝉"知了、知了"的叫声，就是它们的语言表达。

蝉蜕

自古以来，人们对蝉最感兴趣的就是蝉的鸣叫声，为诗人墨客们所歌颂。虞世南的那首《蝉》，

知识链接　**蝉幼虫的生长**

雌蝉和雄蝉交配后，会用剑一样的产卵管在树枝上刺出一排小孔，把卵产在小孔里面。但是蝉产卵于树枝里，却并不当年孵出，要等到第二年夏天，才会孵化出幼虫。然后，幼虫一个个钻出枝条，被风一吹，掉落到地上，找松软的土壤之后，钻进去，开始漫长的地下生长。

蝉的幼虫要在土壤里生活很长时间，短的要在土壤里生活两三年，长的要在土壤里生活五六年。最长的是美洲的一种蝉，幼虫要在土壤里生长十七年之久。

蝉的幼虫，冬天要躲到深土里去过冬，天暖时到浅土里进行活动，吸食树根里的汁液，慢慢生长。蝉的幼虫在土里生长，既能吸取自己喜欢的汁液，又可以少受敌害的攻击，真是一个明智的选择。

是一首托物寓意的小诗，是唐人咏蝉诗中时代最早的一首，很为后人称道。

　　垂緌饮清露，

　　流响出疏桐。

　　居高声自远，

　　非是借秋风。

的确，从百花齐放的春天，到绿叶繁茂的夏天，再到叶片凋零的秋天，蝉一直不知疲倦地用轻快而舒畅的调子唱着，蝉的"知了、知了"声为大自然增添了浓厚的情意，被人们称为"昆虫音乐家"和"大自然的歌手"。

有人可能不太清楚，以为所有的蝉都会鸣叫。其实，会鸣的蝉只是雄蝉，它的发音器就在蝉的腹基部，就像蒙上了一层鼓膜的大鼓，鼓膜受到振动从而会发出声音。由于蝉的鸣肌每秒能伸缩约1万次，盖板和鼓膜之间是空的，能产生共鸣，所以蝉的鸣声特别响亮，并且能轮流利用各种不同的声调进行高歌。雌蝉是不能发声的，被称为"哑巴蝉"。

知识链接 蝉真的会撒尿喷人吗？

每到盛夏的夜晚，蝉在树上"知了、知了"地叫个不停，叫得人心里烦躁，这个时候，如果有人去攻击它，往往会有一股液体从树叶中洒落下来，难道蝉为了进行反击，撒尿喷人吗？其实，蝉撒下来的并不是尿液，只是被它排掉的一些汁液而已。

我们都知道，蝉主要靠吸取树木的汁液为生。在平时，它把吸取的汁液放在一个"袋子"里，一边吸取汁液中的营养，一边不断排掉剩余的汁液。因为蝉的翅膀比身体小，本来就飞得很慢，若再背上沉甸甸的"袋子"，飞行起来就会更费力。

因此，每当有人攻击蝉的时候，蝉受到惊扰，就会急于逃跑，为了逃命，想要飞得快一些，这样它就会立即排掉"袋子"里的一些汁液，体重减轻了，飞得也就快了。

知识链接 蝉蜕整个过程

蝉在生长的过程中，是要进行蜕皮的活动的。当蝉蛹的背上出现一条黑色的裂缝时，就说明它即将进行蜕皮了。

蝉蛹蜕皮是由一种激素控制的。蝉蛹的前腿呈钩状，这样，当蝉的成虫从空壳中出来时，就不会掉在地上，可以牢牢地挂在树上。蝉蛹会垂直面对树身，这样能保证成虫两翅的正常发育，否则成虫的翅膀就会发育畸形。蝉蛹会将外壳慢慢地自行脱落。蝉蜕的整个过程大约需要一个小时左右。蝉蜕可入中药。

蝉类大家族中，有一种被称作"双鼓手"的蝉。这种蝉的身体两侧有大大的环形发声器官，身体的中部是可以内外开合的圆盘。这种圆盘开合的速度非常快，能够发出抖动的蝉鸣。虽然这种声音缺少变化，不过还

是比丛林中金丝雀的叫声大得多。

有人可能会问了，蝉为什么喜欢鸣叫？蝉的鸣叫意味着什么？其实，雄蝉每天"知了、知了"地叫个不停，多是为了引诱雌蝉，让雌蝉前来交配。雄蝉的鸣叫声在雌蝉听来，就像一首美妙的乐曲。在雄蝉美妙的歌声引诱下，雌蝉交配受精后，就用像剑一样的产卵管在树枝上刺出一排小孔，把卵产在小孔里。

雄蝉"歌唱"除了求偶，也是在向同类发出的警告。如果雄蝉被捕捉后，它会发出紧急而响亮的鸣叫声，意思就是："我被逮捕了，同伴们赶快逃跑啊！"附近的同伴听到雄蝉的鸣叫后，就会立即振翅高飞，逃离险境。

另外，在热带地区，有一种黑艳蝉，它的鸣叫声很有意思。这种蝉的幼虫无法单独觅食，但是腿上长着发音装置，饥饿时只需要一声"鸣叫"，蝉妈妈便知该给自己的孩子喂食了，在这里，这种幼蝉的鸣叫就成了求食的信号。

10 蟋蟀的鸣叫到底有什么名堂

蟀也称促织、蛐蛐儿。小小的蟋蟀是怎样进行语言交流的呢？

这要从蟋蟀的身体特征说起，蟋蟀的身子大约长 20 毫米，呈黑褐色。头上长着一对长长的触须，触须比它的身子还长。有 6 条腿，后面的两条腿又细又长，而且长着许多小刺。雄蟋蟀有两个又小又细的尾巴，雌蟋蟀却有 3 个尾巴，中间那根最长。而且，蟋蟀是有"耳朵"的，可分辨同伴发出的声音，但它的"耳朵"不长在头上，而是长在大前脚的胫节上，上面有一层薄膜，可感觉到声音的振动。

蟋蟀是用翅膀"鸣叫"的。

知识链接 斗蟋蟀文化

因为蟋蟀能鸣善斗，有些家庭专门饲养，以供玩乐。据记载，中国家庭饲养蟋蟀始于唐代，当时无论朝中官员，还是平民百姓，人们在闲暇之余，都喜欢带上自己的宝贝蟋蟀，聚到一起一争高下。

斗蟋蟀时，通常是将两只雄蟋蟀放在陶制的或瓷制的罐中。然后用鸡毛去拨弄它们的长须，它们就会以为是对方在打它。两只蟋蟀就会猛烈振翅鸣叫，在给自己加油鼓劲的同时，也想先灭灭对手的威风，然后龇牙咧嘴地厮杀。用头顶，用腿踢，卷动着长长的触须，不停地旋转身体，寻找下手的时机。几个回合之后，常常杀得触须断了，腿脚断了。但是只要未决出胜负，它们绝对不肯罢休。

蟋蟀是一种穴居昆虫，它们经常栖息在砖石上、地表、草丛间、土穴中，有昼伏夜出的生活习惯。蟋蟀是一种杂食性昆虫，它们吃各种树苗、作物、菜果等，对农作物的危害很大，是一类有害的昆虫。另外，它们也吃昆虫和同类尸体。

每年9月底，雌蟋蟀把产卵管插入地下，把卵产在地下。到了10月，许多成虫就会凋零死亡，而卵则在地下越冬。第

知识链接 蟋蟀宰相

在宋代，有两个亡国宰相。第一个是北宋末年的李邦彦，人称"浪子宰相"。第二个是南宋末年的贾似道，人们称他为"蟋蟀宰相"。此人生平喜欢斗鸡走马，饮酒宿娼。即使当上宰相之后，也不肯收敛，常与成群的妻妾趴在地上斗蟋蟀。他可是个玩蟋蟀的高手，根据多年的经验，总结培养、斗蟋蟀的经验，写成《促织经》一书。因为他专权跋扈，蒙蔽朝廷，沉迷于斗蟋蟀，终于把半壁河山送给了元军，时人骂他为"蟋蟀宰相"。

二年的5～6月间，卵开始孵化。在之后的两个月间，蜕皮7～8次。每蜕一次，就长大一些。8月下旬，会进行最后一次蜕皮，羽化为成虫。羽化后23天，开始鸣叫。

蟋蟀虽然能鸣叫，但是不是用嘴巴"鸣叫"的，而是用翅膀鸣叫的。蟋蟀的左翅下面长着一排细细的锯齿，好像一把小刷子，它就用这把"小刷子"摩擦右翅上的锯齿，发出清亮的声音。

知识链接 玩蟋蟀三重境

蟋蟀、蝈蝈、油葫芦号称中国三大鸣虫。三大鸣虫中，玩得最为精彩、最有文化韵味的当数蟋蟀了。

古人玩蟋蟀是很有讲究的，玩蟋蟀有三种境界。第一种境界叫"留意于物"，也就是说全心全意用在玩蟋蟀上；第二种境界称"以娱为赌"，也就是说把斗蟋蟀作为赌博的一种手段；第三种境界叫"寓意于物"，这是玩蟋蟀的最高境界，文人雅士喜欢追求此种境界。

蟋蟀的鸣叫别有名堂，不同的音调、频率能表达不同的意思。蟋蟀响亮的长节奏的鸣叫声，既是警告别的同性："这是我的领地，请勿靠近！"同时又招呼异性："我在这儿，前来约会吧！"当有别的同性不识抬举贸然闯入时，那么蟋蟀便会用威严而急促的鸣叫声以示严正警告。若"严正警告"失效，那么一场为了抢占领土和捍卫领土的恶战便开始了。

大量资料显示，体魄强壮的蟋蟀不仅鸣声响亮，斗性也很强。蟋蟀生性孤僻，一般情况下都是独居一穴。如果两只雄蟋蟀相遇，它们必然会露出两颗大牙一决高下。雄蟋蟀具有极强的领地占有性，为捍卫它的领土和雌性配偶，它会与其他雄虫决斗。决斗之时，两只蟋蟀甩开大牙，蹬腿鼓翼，战在一起，其激烈程度，让人惊叹。

11 鸣禽鸣叫的功能

经过研究发现，有些鸟之所以会唱歌，是因为它们具有与众不同的发声器官。

天鹅雌雄的求偶行为包括以喙相碰或以头相靠。

那些会唱歌的鸟被称为鸣禽，在鸟类的王国中，鸣禽占有很大的比重。

研究发现，鸣禽就是用它们的鸣叫声进行语言交流。

鸣禽的食性各异，是重要的食虫鸟类，在繁殖季节里它们能捕捉大量危害农业生产的害虫。鸣禽巢的结构很精巧。如云雀、百灵等多以细草或动物的毛发编织成"皿"状巢，巢的边缘与地表平齐，而柳莺、麻雀等常用树叶、草茎、草根、苔藓等编织成"球"状巢。鸣禽经常站在巢里或树枝上鸣叫，能发出悦耳动听的声音。

鸣禽能够发出悦耳的鸣叫声，是因为它们的体内长有发达的鸣管。鸣管位于气管分为两侧支气管的地方。此处的内外侧管壁均变薄，

知识链接　鸟儿为什么能够飞翔？

一提到鸟儿，我们就会想到它们在天空中自由飞翔的情形。大部分的鸟儿都是会飞的，鸟儿为什么会飞呢？难道仅仅是因为它们长有翅膀吗？其实，鸟儿会飞，是长期进化的结果，在长期的进化过程中，鸟儿的身体外型与内部构造都形成了适应飞翔生活的特征，另外与它们的消化系统、呼吸系统、循环系统都有很大的关系。诸多因素综合起来，决定了鸟儿能够自由自在地飞翔。

知识链接　鸟类为什么没有牙齿？

如果你曾近距离接触过鸟儿，仔细观察过，你就会发现，鸟儿是没有牙齿的。鸟儿没有牙齿，也是长期进化的结果。因为鸟类过着一种飞行生活，活动的强度比较大，新陈代谢也比较快，为了满足新陈代谢的需要，一定要不断地努力找寻食物，尽快地补充能量。鸟儿进食需要追求速度，如果像爬行动物那样经过细嚼慢咽加以消化，一定会产生入不敷出的情况。

所以鸟儿找到食物，总是迫不及待地将整粒或者是整块食物快速吞下，而后将食物贮藏在那个发达的嗉囊当中。食物在嗉囊中经过软化后会逐步由砂囊磨碎它，再由消化系统的其余部分陆续地加以消化或吸收。

知识链接　鸟类的嘴形各式各样

仔细观察你会发现，鸟类的嘴形各式各样，让这些鸟儿取食的时候更为便捷。例如，仙鹤的嘴细长而大，对于浅水涉食和夹紧滑溜溜的鱼虾，显得特别方便；鹦鹉特别硬厚的上嘴，像剖开的半个牛角一样，用这样的嘴啄裂干果非常有利；交嘴雀交叉着的特殊嘴型，对于钳出球果内的松子非常有帮助；鹈鹕的下嘴，带着一个很宽大的兜子，当它捉到小鱼之后，就等于准备好了一个容器；有些小鸟，如麻雀、朱雀等，它们的嘴小而粗短，呈三角锥状，对于啄食谷物种子极为便捷。

称为鸣膜，吸气和呼气时气流均能震动鸣膜而发出各种不同的声音。鸣管外侧生有鸣肌，鸣肌受神经支配，可控制鸣膜的紧张度。

鸣禽正是以不同的鸣叫声而著称。有的鸣叫清脆婉转，有的鸣叫高亢洪亮。尤其到了繁殖季节，鸣叫声就更加响亮了。喜鹊的鸣叫中带有颤音，与其他鸟类的鸣叫有明显的区别；黄鹂常在清晨鸣叫，声音复杂多变；画眉鸟的鸣叫声抑扬顿挫；鸽子常常发出"咕咕"的叫声；而生活在水草环境中的笑翠鸟，鸣叫就像笑声一样。

鸣禽的鸣叫不仅仅是一种自然而然的事情，更是为鸣禽们提供了社会交往的功能。一般来说，鸟类的鸣叫多用于求偶及繁育。每当这个时候，主要是雄鸟用鸣声通知雌鸟自己已准备好，正在等待交配，用鸣叫声把雌鸟吸引过来。雄鸟的鸣叫，或者是激起雌鸟交配的欲望，或者为了保持配对关系，并通知与之竞争的其他雄鸟，这只雌鸟已经是自己的了，不许再争抢。

另外，雄鸟的鸣声也起到威胁的作用，用以代替驱逐入侵者的真正的争斗。当然，也有一些鸟就是自发地发出鸣叫，不存在任何目的。

有时候，雌鸟也会率先发起鸣叫，尤其是热带的配对的一些雌雄鸟，会一同鸣叫，这可能是用作加强配偶间联系的手段，抑或者是表达"夫妻"之间夫唱妇随的心情。

12 大雁怎样发出报警或遇难信号

大雁是人们常见的飞禽之一，是一种既善于飞翔又善于游泳的大型雁类。

大雁在北方西伯利亚一带繁殖，有迁徙的习性，是人们最熟悉的冬候鸟。每年春秋季节，它们会成群结队地在南北方往返飞行。一般它们夏季在凉爽的北方生活，冬季在温暖的南方生活。

大雁在迁徙时，景象是非常壮观的。常常排列成整齐的"人"字形或"一"字形，每到秋天，就会看见队形整齐的大雁，自北向南缓缓掠空飞行。

飞行中的大雁

大雁在飞行的时候，不仅扇动翅膀，还会利用上升的气流在空中滑行。滑行的时候，可以节省体力，这样更利于长途飞行。排列成形的雁群，少则由几十只，多则由数百只大雁组合成队。在一个雁群之中，领头雁是非常重要的，一般由经验丰富的老雁充当。在飞行的过程中，领头雁的翅膀在空中划过，翅尖上会产生一股微弱的上升气流，后面的大雁为了利用这股气流，就紧跟在前面的大雁的翅尖后面飞。这样一只紧跟一只，排列

知识链接

"鸿雁传书"的由来

你一定听过"鸿雁传书"一说吧？为什么鸿雁能传书呢？其实，"鸿雁传书"是中国古老的民间传说，因为鸿雁是一种定期迁徙的候鸟，守时守信，成群结队，组织性强。

在古时候，通信手段比较落后，人们渴望能够通过这种"仁义礼智信"灵物传递书信，互通消息。据史料记载，在汉武帝时，出使匈奴的苏武被反复无常的单于扣留长达19年之久。当昭帝即位之后，了解到实情，让新派出的汉使对单于说："汉朝天子猎到一只北来的大雁，雁腿上系着一封信，写着苏武正在北海（今贝加尔湖）牧羊。"

单于见自己的谎言已经被拆穿了，无法再进行隐瞒，于是把苏武放了回去。从此以后，"鸿雁传书"的说法就流传了下来。

成整齐的雁队，浩浩荡荡地在南北方之间往返。

据观察发现，大雁的行动非常有规律，它们一边在整齐地飞行，一边不断发出"嘎嘎"的叫声。不要以为大雁的叫声是随意而为的。大雁飞行时的叫声起到互相照顾、呼唤、起飞和停歇等的信号作用。也就是说，大雁飞行时的叫声，是它们得意顺利飞行的语言指导。

另外，在雁群休息时，一般会留一只大雁进行放哨。一旦发现意外情况，放哨的大雁就立刻发出警报声，雁群会飞向天空，逃避敌害的伤害。

知识链接 "五常俱全"的灵物——大雁

自古被视为"五常俱全"的灵物。五常指的是什么呢？指的是仁、义、礼、智、信。

大雁有"仁"，一队雁阵，由几十只，甚至数百只大雁组成。当中总会有老弱病残之辈，它们不能凭借自己的能力生存，其余年轻力壮的大雁，绝不会弃之不顾，一定会照料它们，这就是大雁的仁爱之心。

大雁有"义"，雌雁雄雁一旦交配，就会从一而终。不论是雌雁先死，还是雄雁早亡，剩下的一只孤雁，绝不会另寻配偶，到死也不会改变，这是大雁情义感人之处。

大雁有"礼"，在一个雁队之中，会从头到尾依长幼之序而排列，称作"雁序"。雁阵一般是由老雁引领，年轻力壮的大雁飞得再快，也不会赶超到老雁的前边，这就是大雁的礼让恭谦的行为。

大雁有"智"，大雁是很难被猎获的，是因为大雁是极其智慧的，即使它们在休息的时候，群雁中也会派出一只大雁放哨警戒。一有什么风吹草动，在"哨雁"的提醒之下，群雁就会立刻飞到空中躲避。

大雁有"信"，指的是大雁是南北迁徙的候鸟。因时节变换，大雁会进行南北迁徙，从不爽期。

鸿雁是在我国比较常见的一个品种。这种雁的警惕性特别的强，行动极为谨慎小心，休息时，一个雁群中常有几只大雁放哨，它们总是站在较高的地方引颈观望，如有人走近，则会一声高叫，随即起飞，其他大雁被惊醒，也立即起飞。鸿雁在飞的时候，会边飞边叫，声音洪亮、清晰、单声，但拖得较长，似"嗯嗯"声，数里外也可听见。

据观察发现，大雁的体型跟天鹅类似，脖颈细长，头小，翅膀宽大，足较短，体羽呈淡紫褐色。大雁擅长飞行，飞行时翅膀用力拍打，有时候会伴有鸣叫声。大雁经常用它们的鸣叫声发出警报或者遇难的信号。大雁大多栖息在麦地、河川和湖沼地区，清晨与黄昏外出觅食。平时多以草类或种子为食，有时也捕食一些鱼虾等充饥。

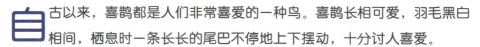

喜鹊有什么语言本领

自古以来，喜鹊都是人们非常喜爱的一种鸟。喜鹊长相可爱，羽毛黑白相间，栖息时一条长长的尾巴不停地上下摆动，十分讨人喜爱。

清晨，喜鹊会飞到田野和庄稼地里吃害虫。由于它不但有灵巧可爱的外形，还可以捕捉害虫，人们当然非常喜欢它了。

喜鹊生性机警，语言本领高强。喜鹊觅食时，常会有一只鸟负责守卫，即使成对觅食时，也常常是轮流分工守候和觅食。一般雄鸟在地上找食，雌鸟就会站在高处守望；雌

喜鹊生性机警，语言本领高强。

鸟在地上取食，则雄鸟就会站在高处观望。如发现危险，守望的鸟就会发出惊叫声，用以提醒在地上觅食的那只鸟，同它一同飞走。喜鹊的飞翔能力很强，而且较为持久，飞行时整个身体和尾成一直线，尾巴稍微张开，两翅缓缓地鼓动着。飞翔时，雌雄鸟常保持一定距离。在地上活动时，通常以跳跃式前进。

🔍 知识链接 **喜鹊栖息的环境**

研究发现，喜鹊是适应能力很强的一种鸟，无论是在山区、平原、荒野、农田、郊区、城市、公园和花园它们都能生存，都能看到它们的可爱的身影。不仅人类喜欢喜鹊，喜鹊也喜欢人类，观察发现，人类活动越多的地方，喜鹊种群的数量也就越多，而在人迹罕至的地方，则很难见到喜鹊的身影。喜鹊是很有人缘的鸟类之一，总是喜欢把巢筑在民宅旁的大树上，喜欢在民居附近活动。

人们常说"喜鹊叫，喜事到"。这是人们对喜鹊叫声的一种赞誉。主要还是人们爱屋及乌，因为喜欢喜鹊，所以连它们的叫声也被视为吉祥之兆。其实，喜鹊的鸣声单调、响亮，听上去就是"喳

🔍 知识链接 **喜鹊与中国文化**

在我国的文化中，喜鹊是非常受欢迎的一种鸟，是吉祥与福瑞的象征，"喜鹊登梅"、"喜鹊闹海"是中国画中很常见的题材。另外，喜鹊还经常出现在中国传统诗歌中。如乾隆皇帝的那首《喜鹊》：喜鹊声喳喳，俗云报喜鸣。我属望雨候，厌听为呼晴。

此外，民间传说，每年的七夕之夜，人间所有的喜鹊会飞上天河，搭起一条鹊桥，让分离的牛郎和织女得以相会。

喳喳"声，经常边飞边鸣叫。当成群鸣叫时，叫声很嘈杂，并没有太多的美感。

不过，喜鹊的叫声对人们确实有特殊的意义，那就是可以帮助人们预测天气。如果喜鹊叫声婉转，就预示天气晴朗；如果喜鹊在树枝上蹦来蹦去，乱吵乱叫，则预示着风雨欲来了。从这一点上来说，喜鹊的确是一种"喜鸟"，是很出色的天气预报员。

另外，根据研究发现，有些动物的警报声，不仅本家族的成员十分熟悉，就连其他动物听见了也会心领神会。例如，当猎人走进森林时，居高临下的喜鹊，就叽叽喳喳地发出了警报，其他飞禽走兽听见喜鹊叽叽喳喳的叫声，顿时便明白危险将至。于是它们不约而同地四处逃窜了。由此看来，喜鹊不仅是出色的天气预报员，还是很称职的警卫员呢！

知识链接　关于喜鹊的传说

我们都知道，我国民间将喜鹊作为"吉祥"的象征。关于喜鹊能报喜这件事，有这样一个故事：贞观末期，有个叫黎景逸的人，他家门前的树上有个喜鹊窝，他经常喂食喜鹊窝里的小喜鹊，长此以往，喜鹊与黎景逸有了感情。

一次，黎景逸蒙冤枉入狱，倍感痛苦。突然有一天，他经常喂食的那只喜鹊停在狱窗前不停地欢叫。黎景逸暗想，难道事情有转机？

果然，三天之后，黎景逸被无罪释放。原来是他喂养的那只喜鹊变成了人，假传圣旨，洗刷了黎景逸的冤情。此后，"画鹊兆喜"的行为大为流行，如两只喜鹊面对面叫"喜相逢"；两只喜鹊中加一枚古钱叫"喜在眼前"；一只獾和一只鹊在树上树下对望叫"欢天喜地"；而流传最广的是鹊登梅枝报喜图，是"喜上眉梢"之意。

14 杜鹃叫声让人欢喜让人忧

杜鹃鸟也叫杜宇、布谷鸟或子规。身体黑灰色，尾巴有白色斑点，腹部有黑色横纹。杜鹃鸟的体型比鸽子细长，有一条长长的尾巴，腿强壮有力。

杜鹃鸟

杜鹃鸟用它的叫声表达它的内心世界，但是它的叫声传递给人们的却是两种截然不同的两种信息。

一般在春末夏初，芒种前后，几乎昼夜都能听到杜鹃鸟"布谷、布谷"的叫声。每当杜鹃鸟叫的时候，也就是该到种地的时候了，因而杜鹃鸟的叫声仿佛在提醒人们快点种庄稼。再加上，杜鹃鸟总是独来独往地随着夏天不断迁徙，因而只要杜鹃鸟的声音出现，也就意味着夏天真的来了。

在黄河流域、华北、华中、东北、西北，杜鹃鸟的文化含义中，因其叫声听似"布谷、布谷"，含有劝农、知时、勤劳等正面意义。自古就有"映山花红柳河荫，杜鹃知时劝农勤"的说法。

杜鹃鸟虽然叫声洪亮，但它们的胆子很小，总是只闻其声，不见其鸟。它们从来不敢接近人类和村庄。古人看见它鸣叫时大张的口中鲜血一般殷红，都认为它们是在啼血而鸣，其实，只是它们的口膜上皮和舌头颜色鲜红而已。

关于杜鹃鸟的叫声，有人感到、惆怅、忧伤，这跟一个传说有很大的关系。传说古代蜀王杜宇，被假贤能的谢豹所蒙蔽，最终让位于谢豹这个奸人。谢豹上位后，视杜宇为心腹大患，怕杜宇复辟，因而处处为难他。最终导

致杜宇啼血而亡。杜宇的血花成了杜鹃花，灵魂化为杜鹃鸟。每日在皇后的花园中啼鸣哀号。因而，很多人听到杜鹃鸟的叫声，就想起这个故事，自然而然感到惆怅、忧伤。

自唐代以后，杜鹃鸟就被称为"冤禽"、"悲鸟"、"怨鸟"，无数文人墨客为其吟咏诉冤。天长日久，杜鹃鸟成了一种"文化鸟"，定位为一种可怜、哀婉、纯洁、至诚、悲愁的形象。

大多数杜鹃生活在森林里，是著名的嗜食松树大敌松毛虫的鸟类。松毛虫是许多鸟类不喜欢吃的害虫，而杜鹃却偏喜欢吃这种虫子。据观察，一只杜鹃一小时能捕食一百多条这种虫子。另外，杜鹃鸟也吃其他农林害虫，所以人们称它是"森林卫士"。

知识链接 借巢产蛋

杜鹃鸟有一个众所周知的习惯，就是常常把卵产在别的鸟的鸟巢中，自己不履行做母亲的职责，而是让别的鸟帮它们抚育后代。因为这种天性，杜鹃鸟就有个坏名声，人们称它是不负责的鸟。

15 鹦鹉的"口技"让人惊叹

鹦鹉的外形小巧，色彩艳丽，特别喜欢鸣叫。模仿人言的语言技能十分高超，堪称"口技"专家，它们就是用这种高超的"口技"进行语言交流的。

"口技"高超的鹦鹉一般以配偶和家族形成小群，栖息在林中树枝上，自筑巢或以树洞为巢，主要生活在低地热带森林，也常常飞到农田、果园和空旷的草场中。

大多数鹦鹉主要吃地面上植物的种子、果实、浆果、坚果、嫩芽、

动物语言的问题

会学人说话的鹦鹉

嫩枝等等，有时候也会吃一些昆虫，但是很少。

在鹦鹉大家族中，体型最大的是紫蓝金刚鹦鹉，体长可以达到100厘米，它们分布在南美的巴西和玻利维亚；体型最小的是蓝冠短尾鹦鹉，体长只有12厘

知识链接 虎皮鹦鹉

虎皮鹦鹉原产于澳大利亚的东部，在中国是大众最普遍常见的宠物鸟之一。虎皮鹦鹉的体型比较小，背羽和头羽毛颜色鲜艳，并且伴有黑色条纹，看上去就像老虎的皮一样，所以称之为"虎皮鹦鹉"。

虎皮鹦鹉是全世界最普遍的鹦鹉，价格便宜，生性活泼，顽皮可爱，受到大众广泛地喜爱，而且叫声婉转清脆，是非常受大众喜欢的一种鸟类。虎皮鹦鹉可以模仿人说话，它们有很强的模仿能力。2012年，日本有一个人饲养的虎皮鹦鹉丢失了，但是由于它念出自己的名字及主人家的地址，最终被送回到主人手上。主人所说他曾故意教这只鹦鹉讲自己的名字跟自己家的地址，没想到因此使这只鹦鹉找到了家。

米左右，它们分布在苏门答腊、婆罗洲、马来半岛。

提起鹦鹉，人们首先想到的是它们的学舌能力。鹦鹉有非凡的模仿能力。美国鸟类学家曾养了一只鹦鹉，教它学会了用英、法、德、俄、意、日、汉等10种语言。这只鹦鹉会用汉语说"热烈欢迎"；会用英语说"你好"；用阿拉伯语说"真主保佑"等等。鹦鹉的"口技"在鸟类中是十分超群的。鹦鹉的这种仿效行为，在科学上叫作"效鸣"。

鹦鹉为什么能"效鸣"？其实秘密就在于鹦鹉特殊的生理构造鸣管和舌头上。鹦鹉的发声器与人类的声带是不同的，鹦鹉的发声器叫"鸣管"，位于气管与支气管的交界处，它是由最下部的3～6个气管膨大变形后与其左右相邻的3对变形支气管共同构成。一般的鸟能够发出频率、高

知识链接 金刚鹦鹉

美洲热带地区的金刚鹦鹉，是色彩漂亮、体型最大的鹦鹉之一。主要吃一些果实和花朵，食量大。喜欢在河岸的树上和崖洞里筑巢，寿命最长可达80年，在动物界绝对算长寿的。

金刚鹦鹉被称作"大力士"，主要是因为它们强有力的喙。在美洲热带地区有许多棕树结着硕大的果实，这些果实的种皮通常极其坚硬，即使人用锤子砸，也很难轻易砸开，但是金刚鹦鹉却能轻松地用喙将果实的外皮啄开，吃到里面的种子。

除了美丽的羽毛、庞大的身躯，以及巨大的力量外，金刚鹦鹉还有一个独特的功夫——百毒不侵。金刚鹦鹉的食谱由一些果实和花朵组成，其中就包括一些有毒的果实和花朵，但金刚鹦鹉却不会中毒。

加勒比海的多米尼加共和国把金刚鹦鹉奉为国鸟，这个国家的国徽上是一只名叫"西色罗"的金刚鹦鹉，它是这个中美洲岛国独立自强的象征。

低不同的声音，是因为当气流进入鸣管后随着鸣管壁的震颤而发出不同的声音。鹦鹉除了具备最基本的鸟类的这功能之外，它发声器官的构造比一般的鸟更加完善，在它的鸣管中有 4～5 对调节鸣管管径、声率、张力的特殊肌肉——鸣肌，在神经系统的控制下，鸣肌松弛或收缩，从而能"效鸣"。

鹦鹉之所以能学舌，是因为在整个鸣管的构造上与人的声带构造较接近的缘故。只不过人的声带从喉咙到舌端有 20 厘米，呈直角，而鹦鹉的鸣管到舌端只有 15 厘米，呈近似直角的钝角。角度的不同是决定发音的音节和腔调的关键，越接近直角，发声的音节感和腔调感越强，所以，鹦鹉能够几乎像人类一样发出抑扬顿挫的声音。

鹦鹉之所以能够学舌，跟舌头也有很大的关系，鹦鹉的舌头舌根发达，舌尖细长、柔软，而且十分灵活，形状也与人的舌头很相似，有了这样标准的发声条件，鹦鹉便可以发出一些准确清晰的音节了。另外，鹦鹉能学舌，除了特殊的生理结构之外，智力水平也很关键。

为"猫头鹰叫"洗刷冤屈

我国民间有"不怕夜猫子叫，就怕夜猫子笑"的说法，"夜猫子"就是猫头鹰的俗称，猫头鹰常用叫声进行语言交流，但是，人们对猫头鹰的叫声有着很深的误解。

喜欢夜间叫的猫头鹰和大多数鸟不同，无论是白天还是夜晚，它们的瞳孔都是一样大的。由于猫头鹰的眼睛上布满了能感觉较暗光线的圆柱形细胞，因而它们在黑暗中的视力也非常好。研究发现，猫头鹰在夜间的视力比人的视力要强三倍。另外，猫头鹰耳朵的构造和功能也很特别，接受声音的能力非常强，能准确辨别猎物的方向。有了这些独特的本领，猫头鹰就能在夜里轻松捕捉那些专门夜间活动的老鼠了，因而猫头鹰也就有了"夜猫子"的称号。

人们常把猫头鹰当作"不祥之鸟"，称为"逐魂鸟"、"报丧鸟"等，古书中还把它称为"怪鸱"、"鬼车"、"魑魅"或"流离"，把它当作厄运和死亡的象征。猫头鹰真的会笑吗？它当然是不会的，只是叫起来，声音类似于人类的笑声，在漆黑的夜晚，这样的笑声听起来让人有种毛骨悚然的感觉，再加上猫头鹰的长相古怪，两眼又大又圆，在夜晚炯炯发光，使人感到不寒而栗；两

猫头鹰常用叫声进行语言交流。

知识链接　猫头鹰飞行时来去无声

人们观察发现，虽然猫头鹰的翅膀宽大，但它们飞行的时候，总是来去无声，这是为什么呢？原来是因为它们翅膀虽然大，但上面的羽毛却非常蓬松、柔软，上面还布满了细小的如天鹅绒般密生的羽绒。另外，猫头鹰的翅膀尖部还长有一层呈锯齿状的羽毛，这种特殊的

构造可以避免猫头鹰飞行时与空气之间产生过多的摩擦。正是因为这些原因，猫头鹰飞行之时才能够来去无声。

耳直立，好像神话中的双角妖怪，使得古人多用"鸱目虎吻"来形容一个人的凶暴之貌。因而，在古时候称猫头鹰为"恶声鸟"。

其实，猫头鹰不仅不是什么不祥之鸟，反而是一种非常好的益鸟。猫头鹰主要以田鼠为食，它们一个夏天可以捕捉田鼠上千只，这相当于保护了将近一吨的粮食。这样的鸟，怎么能是不祥之鸟呢！

据研究，猫头鹰飞行时产生的声波频率小于1千赫，而一般的动物是感觉不到这么低的声波频率的，这也使得猫头鹰在夜间能够快速地向猎物发出攻击，并且一举奏效。

夜间猎手——猫头鹰

猫头鹰被人们称为"夜间猎手"，这都源于它高超的夜间捕猎能力。猫头鹰的嘴和爪呈钩状，十分锐利，眼睛结构特殊，感光性非常灵敏。

在夜间，猫头鹰的视力非常集中，能清楚地分辨物体的前后距离，帮助它在黑夜里确定捕捉目标。而且猫头鹰的脖子非常灵活，能转180度，而且转得非常快。猫头鹰的听觉也很敏锐，地面上小老鼠活动时发出的细微声音，它都能听得到。捕捉猎物几乎一捉一个准，所以人们都称它为"夜间猎手"。

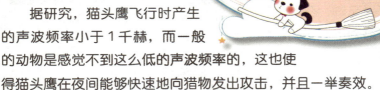

17 母鸡生完蛋"咯咯哒"

母鸡是很常见的一种家禽，即使生活在城市里的现代人没有见过母鸡，那也一定吃过鸡蛋。母鸡的语言是很有意思的，经常在生完蛋的时候"咯咯"地叫个不停。

鸡在交配的时候，母鸡半蹲或全蹲，翅膀向左右撑起，就像把肩膀同时向上耸起的感觉。公鸡双脚从背后踩在母鸡背上，然后用嘴叼住母鸡的鸡冠或头上的羽毛，自己的翅膀左右扑扇，当然，这是为了保持平衡，然后屁股相互靠拢。公鸡的精子进入母鸡的体内后，会让母鸡体内的卵受精，只有"受精卵"才能孵出小鸡。

母鸡生蛋是很有意思的一件事情。刚进产蛋窝的母鸡，如果你去碰它，它会很快地逃出来；但是等到它孵了一段时间，即使你去捉它，

母鸡下蛋后会"咯咯哒、咯咯哒"地叫。

它也只会把毛竖起，很生气的样子，甚至用嘴啄你的手，但是绝对不会站起来跑掉。因为这时候，鸡蛋已经到了肛门口，母鸡正在集中精力，准备把鸡蛋生下来。

母鸡生一个蛋，要消耗不少体力，所以把蛋生完，经过一定时间的休息之后，它才会离开窝。这时候，它的精神呈兴奋状态，因此，就咯咯地叫来表达自己的兴奋。

另外，母鸡的叫声还有一个引诱异性的作用。每当下完蛋，母鸡就会咯咯地叫起来，好像是在对公鸡说"我下完蛋了，现在很高兴，你快过来吧"。一般来说，母鸡在产蛋窝下蛋的时候，公鸡通常会等在产蛋窝的旁边，当母鸡离开产蛋窝咯咯叫的时候，公鸡就会走上前，进行交配。根据研究，

知识链接

鸡蛋一头大一头小

你发现了吗？鸡蛋都是一头大一头小的，这是为什么呢？鸡蛋之所以会一头大一头小，是由于鸡蛋在形成过程中受到上端输卵管逐段挤压，卵向前（向输卵管的下端）移动的机械作用的结果。鸡蛋的构造，大体上分为蛋黄、蛋白、壳膜和蛋壳等四个部分。在生蛋的过程中，被挤压的一端，蛋白和壳膜被挤向左右，因而扩大，在蛋壳形成后，大的一头就固定下来了。

与大头相反的一端，由于它向前挤着输卵管，使输卵管张开，便于向子宫移动，因此这一端在移动过程中，由于受到输卵管对蛋的内向挤压力的作用，在蛋壳形成后，也就形成了小的一端。

母鸡生完蛋就交配，隔日生的鸡蛋最容易受精，也就是说容易孵出小鸡来。

18 公鸡打鸣有多层语言含义

与母鸡相对的是公鸡，公鸡形体健美，色彩艳丽，行动敏捷，整日一副雄赳赳、气昂昂的架势，很是威风。有的公鸡性情凶悍，会袭击别的动物或人类。

公鸡通常是一群鸡的鸡头，起到带领鸡群和繁殖的作用。除此之外，公鸡还有一项独特的本领，那就是在天刚蒙蒙亮的时候，公鸡便开始争相打鸣，仿佛在告诉人们天就快要亮了。而且，公鸡从不偷懒，每天都在天快亮的时候打鸣。公鸡打鸣传递的是什么语言信息呢？难道真的是在告诉

打鸣的公鸡

人们天亮了吗?

有人做过实验,把一组公鸡关进一间灯光如昼的房间,又把另一组公鸡关进漆黑的房间,然后分别调节房间的光线,每当把光线的强度调节到拂晓的强度时,公鸡就会引颈长鸣,这说明公鸡打鸣和光线的强弱有关。科学研究发现,鸡的感光器官其实并不是眼睛,而是一种叫作松果腺的激素。

原来,在公鸡的大脑和小脑之间,有一种松果形状的内分泌器官。松果体可以分泌一种称为褪黑素的物质。如果有光射入眼睛,褪黑素的分泌便被抑制。褪黑素能抑制性激素的分泌,也直接控制公鸡打鸣。晨光乍现,褪黑素的分泌受到抑制,公鸡便不由自主地"高歌";当白昼渐渐变长,公鸡体内的褪黑素水平下降,它们便开始一遍又一遍地"放声高歌",而且不受天气阴晴的影响。人们观察发现,如果公鸡受了外界刺激,也会在白天或半夜叫两声。在古代,到了战乱时候,被声音和火光惊扰的公鸡会出现大半夜打鸣的现象,古人不知其中的缘由,以"雄鸡夜鸣"为战争的凶兆。其实,这是没有科学道理的。

我们都知道,母鸡下完蛋后"咯咯"地叫,是心情愉悦的表现,其实,公鸡打鸣也是表达愉悦的心情。大多数的鸟在夜里是看不见东西的,其实鸡也是一样。在黑暗的夜里,公鸡看不见东西,随时都有可能遭到攻击,这让公鸡始终处于紧张的状态。当黎明渐渐到来的时候,公鸡的这种紧张感就会逐渐消失。为了表达这种喜悦的心情,公鸡就会"放声高歌"。

此外,公鸡啼叫的目的,还有告诉同类自己所处的地位与呼唤母鸡到来的含意。

 知识链接 **鸡为什么不会飞？**

很多人觉得很奇怪，鸡也有翅膀，为什么就不会飞呢？其实，如今的家鸡是由原鸡长期驯化而来。在很久以前，生活在山林里的原鸡是会飞的。只是后来，被人类抓了起来，放在笼子里喂养。由于生活环境非常狭窄，飞不起来，时间久了，翅膀上的肌肉组织逐渐退化了，身体也越来越重，飞行能力也慢慢丧失了。不过，即使在今天，当鸡碰到袭击它的敌人时，还是会拼命地扑腾一两下的。

现在，世界上还存在没有被驯化的原鸡，它们可以在短距离内进行适当的飞行。

交配时，公鸡骑在母鸡背上，用自己的肛门对准母鸡的肛门进行受精。公鸡的生殖系统很特别。睾丸、附睾在腹腔内，交配器官是退化了的生殖突起，精子头部是长锥形。

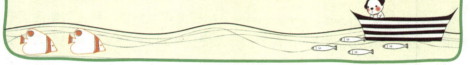

19 鱼类发出的声音让人震撼

据研究，鱼类是最古老的脊椎动物了。目前，世界上现存已发现的鱼类大约有 26000 种，它们遍布全球，所有水生环境，从淡水的河流、湖泊，到咸水的大洋和大海，到处可以看见鱼类的身影。

那么，鱼类能发出声音语言吗？

鱼类的全身布满了灵敏的感觉器官，这些能帮助它们适应水里的生活。鱼类的听觉非常灵敏，它们的耳部结构只有内耳，没有外耳，并且内耳被头两侧的囊所保护。当有任何外来的声音或受

鹦鹉鱼也能够用自己的方式传递信息。

到惊扰耳朵时候，鱼类会迅速游开。由此可见，鱼类是能够用自己的方式进行信息传递的。

据研究发现，鱼类虽然没有声带，但它们也能发出声音，形成各种各样独特的"语言"。有的鱼用鱼鳔来发声，气体通过鳔管，引起振动能发出声音；脊椎骨的振动可以通过与鱼鳔相连接的肌肉传递过来，引起鱼鳔的共振，从而发出声音。在不同的条件下，许多鱼确实能够发出不同的声音，用这些声音来传递自己的信息。比如，把鲂鲱鱼捕上船来后，它会"哇哇"地怒吼不已，显示出一种威胁的姿态；如果人们把它放到水族箱内，用手轻轻地抚弄它，它就高兴地轻声哼哼，很享受的样子；如果人们用力拍打它，它就会像杀猪般尖叫起来，扭身就跑。

知识链接

睁着眼睛睡觉的鱼

我们经常会看到鱼静静地睁大眼睛一动不动地待在一个地方，只有鳃和鳍有节奏地扇动，其实这种情况出现，就是鱼在睡觉。人和其他动物多是闭着眼睛睡觉，但是鱼是睁着眼睛睡觉的。这跟鱼的眼部结构有关。鱼是闭不上眼睛的，因为绝大多数鱼类都是没有眼睑的，没有眼睑眼睛自然闭不上，即使睡觉的时候也是。虽然有的鱼有眼睑，但眼睑却是透明的，不能够活动，所以睡觉的时候，看着也像睁着眼睛。

知识链接

比目鱼的眼睛长在同一边

　　比目鱼是因为其眼睛长得奇特而得名的，一般的鱼眼睛都长在头部的两侧，它的眼睛却长在身体的同一侧。由于它的两眼总是长在一侧，总是并肩而行，所以叫"比目鱼"。

　　正是因为比目鱼的两只眼睛都在上面，对于它发现敌人与捕捉食物是非常有利的。在我国古代，比目鱼还是象征忠贞爱情的奇鱼，古人留下了许多吟诵比目鱼的佳句："凤凰双栖鱼比目"、"得成比目何辞死，愿作鸳鸯不羡仙"等等。当然，这些只是人们的美好愿望。

　　大黄花鱼产卵前会发出"吱吱"的声音，目的是叫唤异性同伴前来汇聚；产卵时会发出"哼哼"的私语；产完卵后就像母鸡生了蛋那样"咯咯"地欢唱，而且声音非常大，常常吵得渔民难以入眠。

　　不同的鱼，发出的声音是不一样的。比如，鱿鱼常会像狗一样嘶吼；海马发出的语调就好像在打鼓一样；小青鱼在游动的时候，会发出"叽叽"的叫声；而黄花鱼在发声的时候，却能变换出各种声调……

　　当然，鱼类的语言也是有着很多功能，有的是为了防身，发出声音就是为了躲避或恐吓敌人；有的是为了吸引异性的注意，这样的声音多是在产卵期才发出的；有的发现了食物，就会发出声音，用以联络伙伴，共同享用食物。而对于大多数深海鱼来说，它们发出声音，则是为了利用回声，探测方位。

20 鲸鱼的声音指令

鲸鱼生活在海洋中，分布在各个海域。鲸鱼的胃口非常大，海洋中的小鱼、小虾到处都是，捕捉起来毫不费力，所以，小鱼、小虾就成了鲸鱼的美食。不过，也有一些鲸鱼是以大型鱼类为食的。庞大的鲸鱼是怎样进行信息交流的呢？其实，鲸鱼的声音指令是非常广泛的。

声音指令广泛的鲸鱼，虽然名字里有个"鱼"字，但实际上它们是一种海洋哺乳动物，和鱼类有着许多不同的特性。

知识链接 鲸鱼为什么会喷水？

鲸鱼虽然生活在水里，但仍然用肺呼吸。当鲸鱼呼吸时，就需要游到水面上来。它们的鼻子很特别，鼻子没有鼻壳，鼻孔长在头顶上，当鲸鱼潜入水中时，鼻孔就会自动关上。当鲸鱼需要换气时，就会浮出水面，通过头顶上的鼻孔向外呼气。

因为鲸鱼的肺活量很大，因而在换气时，气体冲出鼻孔，不仅会发出很大的动静，而且还会把海水也带到空中，形成一股股高高的"水柱"。

在换气的过程中，鲸会在海里会不停地游动，因而喷出的水柱也会不断变换位置。另外，由于鲸鱼的大小不同，喷出的水柱高低、粗细也各不相同。专家们甚至可以从喷水的高度、宽度及角度，来辨识鲸的种类。

 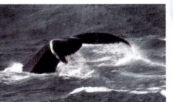

51

比如，鱼类都是卵生的，而鲸鱼却是胎生的，这一点是鲸鱼属于哺乳动物的最重要特征。

另外，从外形上看，鲸鱼和鱼类也有很多不同之处。鱼类的尾巴都是垂直的，而鲸鱼的尾巴却是水平的；鱼类一般都是通过左右摆动尾鳍来在水中前进，而鲸鱼却是以上下摆动尾鳍的方式让身体前进；鱼类是变温动物，体温会随着周围环境的变化而改变，而鲸鱼却是恒温动物，体温不会随着周围环境的变化

鲸鱼的声音指令是非常广泛的。

知识链接　鲸鱼为什么"集体自杀"？

1997 年，马尔维纳斯群岛海岸约 300 头鲸"集体自杀"。数量如此多的鲸鱼的尸体，就像搁浅的船一样。没有什么在驱赶，也没有人类在捕捞，鲸鱼为何离开大海"集体自杀"呢？

目前，对于这一现象还是众说纷纭。荷兰学者范·希·杜多克认为，鲸鱼"集体自杀"可能与海岸地形气象条件有关。美国伍兹霍尔海洋研究所的科学家认为，鲸鱼"集体自杀"的原因可能是由于它们浮上海面的过程过快造成的。

不过，如今越来越多的人将注意力都集中在了疾病上。认为鲸鱼"集体自杀"主要是由于病魔缠身，身体虚弱不堪，无力驾驭风浪，随波逐流被海水推上海岸，或是有意爬上海岸寻求喘息的机会。

虽然人们有着种种的推测，但也仅仅是推测而已。究竟真相是什么，还有待于进一步的论证。

知识
链接 　**最大的海洋
哺乳动物——蓝鲸**

　　蓝鲸是鲸鱼的一种，呈世界性分布，以南极海域数量为最多。蓝鲸主要以小型的甲壳类与鱼类为食物。

　　蓝鲸是目前世界上最大的海洋哺乳动物，长约33米，重180多吨。蓝鲸身躯较为瘦长，呈长椎状，背部呈青灰色，不过在水中看起来颜色会比较淡；蓝鲸的头非常大，舌头当然也很大，一条舌头上就能站50个人。

　　即使是刚生下的蓝鲸宝宝，也比一头成年的大象要重。蓝鲸宝宝的生长速度是很快的，一天一夜就可以增加90千克的体重。当蓝鲸呼吸时，如果风平浪静，可喷出高达12米左右的垂直水柱，在几千米外都可以看得到。

而改变。

　　鲸鱼是群集动物，通常成群结队地在海洋里生活，当鲸鱼呼吸时，就需要游到水面上来，利用头上的鼻孔来呼吸，呼气时，空气中的湿气会凝结而形成我们所熟悉的喷泉状。

　　据国外媒体报道，从事座头鲸声音研究的澳大利亚科学家，已开始破译了鲸鱼神秘的沟通方式，并确定了雄性鲸鱼的求偶叫声及雌性鲸鱼发出的警告声。

　　科学家们对向东迁徙的座头鲸进行了细致的研究，在座头鲸在澳大利亚东海岸来回嬉戏的时候，录下了61条不同座头鲸群的660种声音。在采录的过程中，科学家将声音发射机安放在离鲸鱼很近的浮标上，然后从岸上远距离监控鲸鱼的交流情况。科学家发现，很多鲸鱼发出的声音在意思上是重复的，但也有些具有清晰的意思的声音。最后，科学家们得出结论：

雄性鲸鱼发出的"咕噜噜"声，其实是求偶信号。发出这种声音，就是想碰碰运气，看看心仪的雌性鲸鱼能否前来交配。

科学家研究还发现，鲸鱼发出高频率的喊声和尖叫声往往表示群体之间发生了争执。比如，在迁徙的时候，雄性鲸鱼抢着去争夺雌性鲸鱼。当鲸鱼妈妈与鲸鱼宝宝在一起时，就经常会发出"呜呜"声。这种声音也许就是鲸鱼妈妈在同鲸鱼宝宝进行交流。

总之，鲸鱼有着广泛的声音指令，以至于能呼唤它们的孩子、寻求配偶。另外，鲸鱼是很警觉的动物，睡觉的时候，通常会找一个比较安全的地方。头朝里，尾巴向外，围成一个圈，浮在海面睡觉。如果听到什么声音，便会四散游开。

21 青蛙王子在雨天叫得欢

青蛙小的时候叫蝌蚪，长大之后才叫青蛙。众所周知，青蛙属于两栖类动物，既能在水里生活，又能在陆地上生活。每到雨天，青蛙就会叫得很欢快，这是它们的语言表达。

一般青蛙将卵产在水里，经过 4～5 天之后，小蝌蚪就会孵出来。小蝌蚪很可爱，长得很像鱼，有一条长长的尾巴，能够在水里游来游去；接着小蝌蚪长出后腿，然后再长出前腿，与此同时，尾巴也随着逐渐变短，当尾巴完全消失的时候，就彻底变成了小青蛙了，小青蛙长大以后就是青蛙了。从小蝌蚪到小青蛙大概需要两个月的时间，从小青蛙到大青蛙大约需要 3 年的时间。小青蛙和小蝌蚪，除了

青蛙不仅是跳远能手，还是"歌唱家"。

知识链接　青蛙是捕捉害虫的高手

青蛙不仅是跳高高手，歌唱高手，还是捕捉害虫的高手。青蛙喜欢生活在潮湿的地方，因为那样的环境里害虫最多。青蛙的舌头是很特别的，前端是固定的，后端能自由翻转。当害虫在青蛙身边活动时，青蛙就会迅速跳起，把舌头翻出来，依靠舌头上分泌出来的黏液，把害虫粘住，然后，舌头返回口腔中，把害虫吞下。

青蛙是捕捉害虫的高手，是保护绿色田园的卫士。它每天捕食大量的蚊子、苍蝇和危害农作物的螟虫、金花虫、蝼蛄等，据统计，一只青蛙一年可以消灭 1 万多只害虫。所以，人们要保护青蛙。

外形上的差异，在呼吸方式上也不同，小蝌蚪是用鳃呼吸的，小青蛙是用肺呼吸的。

青蛙的跳跃性非常强，人类男子立定跳远的纪录约为平均身高的两倍，然而一只普通的青蛙却能跳跃它身长 9 倍多。青蛙起跳的姿态是很美的，跳跃的瞬间，它的前腿就沿着身体两侧卷起，同时把眼睛闭上，在跳跃的时候，身体呈流线型，不会有暴露突出部分在外面，这样既能减少空气阻力，加快速度，又不会因为摩擦而使自己的身体受伤。

青蛙不仅是跳远能手，还是"歌唱家"。青蛙和人一样，声带在喉室里。另外，雄性青蛙的咽喉两侧还有外声囊，因此它叫起来，声音特别的大。

每到春夏之交，阴雨绵绵的天气里，池塘里的雄性青蛙便呱呱地叫个不停。为什么青蛙王子在雨天叫得欢呢？这是因为下雨之后，空气中的水汽多了，青蛙的皮肤里水分增多，青蛙感到很快活，便高兴地叫起来；另外，还因为在冬眠时，青蛙消耗了大量体能，春夏之交，青蛙非常需要进行体能补充。而阴雨绵绵的天气里，是昆虫能够大量繁殖，当然也是青蛙捕捉昆虫的最好时机。所以，青蛙青蛙心情愉悦，会边吃边叫。

同时，春夏之交，也正是青蛙的繁殖季节，雄青蛙以呱呱的叫声吸引异性前来交配，所以说，青蛙的叫声，也是求偶的信号。另外，当青蛙遇到危险的时候，也会发出急促的叫声，用以表达自己的焦急之情。

知识链接 青蛙和癞蛤蟆的不同

青蛙和癞蛤蟆长得很像，但它们在身体构造、生活习性等方面有很大的不同。在形体方面是很不同的，癞蛤蟆的体形较大，青蛙的体形较小；有些癞蛤蟆的表皮能分泌毒素，但是青蛙不会；癞蛤蟆的体表布满小疙瘩，看起来非常粗糙，青蛙的身体表面却十分光滑；青蛙的卵是一团一团的，而癞蛤蟆的卵却是一串一串的；青蛙的幼虫的尾巴很长，颜色较浅，嘴长在头部的前面，而癞蛤蟆的幼虫尾巴较短，全身黑色，嘴长在头部的下面。另外，在生活环境方面，青蛙多生活在水里，而癞蛤蟆则多生活在陆地上，喜欢到处爬行。

第二章

动作好似一座信息发射塔

22 蜜蜂用跳舞表达语言

蜜蜂是勤劳的象征，它们能够采食花蜜和花粉并酿造蜂蜜。在动物界中，蜜蜂的运动语言可算是登峰造极的了，它能用独特的舞蹈动作向自己的伙伴传递信息。每到春暖花开、天气温暖的时候，一些负责侦察工作的蜜蜂就飞出蜂箱寻找蜜源。当侦察蜂在外面找到了蜜源，它就吸上一点花蜜和花粉，然后迅速飞回来。回到蜂群后，它会在蜜蜂用来装蜜、孵育小蜜蜂和住宿的地方不停地跳起舞蹈。这可不仅仅是一种欢乐的表现，这种舞蹈是蜜蜂用来表示蜜源的远近方向的。

研究发现，蜜蜂的舞蹈一般有"圆形舞"和"8字舞"两种。如果找到的蜜源离开蜂巢不太远，飞回来的蜜蜂先飞一个圆圈，然后转一方向，再飞一个圆圈，像圆圈舞；如果蜜源离得比较远，侦察蜂会先飞一个半圈，然后直飞回来，在另一个方向又飞半个圈，形状有点像一个横写的"8"字，直飞时，腹部末端还不停地摆动着。在跳舞时的时候，如果头向着上面，那么蜜源就是在对着太阳的方向，要是头向着下面，蜜源就是在背着太阳的方向。

蜜蜂通过舞蹈传递信息。

在蜂箱里的蜜蜂，看懂了蜜蜂所跳的舞蹈，就会很快地飞出蜂箱，按着侦察蜂所指引的方向飞去。这些外出的蜜蜂采够花蜜后，会立即飞回来，会向剩下的同伴们继续跳舞，动员大家赶紧去采蜜。这样，一传十、十传百，越来越多的蜜蜂奔向蜜源而去，采回来甜美的蜂蜜。

另外，科学家们研究发现，蜜蜂的舞蹈动作不仅具有表达蜜源远近和方向的功能，而且在日常生活中也常常用到。当两群蜜蜂要分居时，老蜂王会派出侦察蜂分头去寻找合适的新居，当找到适宜筑巢的好场所，它们就会很快飞回来，用舞蹈动作报告地点的方位，描述那里是否理想。如它们认为自己找到的地方十分理想，侦察蜂就会热情洋溢地一连跳上几个小时。如果新居不大理想，就会跳得没精打采，而且很快结束。

一个蜜蜂群体中，分有雄蜂、蜂王和工蜂三种类型，一般一个群体中只有一只蜂王（也就是母蜂、蜂后）。一个蜂巢里有 500 ～ 1500 只雄蜂，工蜂的数量那就更多了。勤劳的蜜蜂们白天采蜜，晚上酿蜜，无愧于勤劳的称号。

蜜蜂是一种喜欢过集体生活的昆虫，工蜂在蜂群中最勤劳，它担负着采蜜、侦察、守卫、清理蜂箱和饲喂小蜜蜂等任务。

知识链接　蜂王的职责

一个蜂群体有几千到几万只蜜蜂，由一只蜂王、少量的雄蜂和众多的工蜂组成。它们分工明确，各司其职。蜂王也叫"母蜂"、"蜂后"，蜂王虽然被称为"王"，但它实际上并不领导蜂群，它在蜂群中就是负责繁衍后代，在春季繁殖高峰时，一只蜂王每天会产卵约 2000 个，蜂群中大部分的蜜蜂都是它的后代。

蜂王有很多优待，工蜂会时刻围绕在蜂王的周围，像忠诚的侍者一样，为蜂王提供食物，帮助它清理垃圾等。

动物语言的问题

🔍 知识链接　**蜜蜂螫人的代价**

我们都知道蜜蜂会螫人，所以很多人都害怕蜜蜂。其实，螫人是蜜蜂自卫的本能，不到万不得已的时候它们是不会螫人的，因为一旦蜜蜂螫人后，也意味着它们的生命结束了。

蜜蜂的毒针位于腹部，由一根背刺针和两根腹刺针组成。腹刺针的尖端有几个呈锯齿状的倒钩，当蜜蜂的毒针螫进人的皮肤里时，倒钩就会牢牢地钩住人的肌肉，很难被拔出来。一旦被拔出来，蜜蜂也就难逃死亡的厄运了。因为蜜蜂的刺针连接着它的内脏。拔出蜜蜂的时候，蜜蜂的一部分内脏就会一起被拔出来，这样的话，蜜蜂当然活不成了。被蜜蜂螫后，毒针释放的毒液会留在人体内，人会感到被螫的地方麻木或者疼痛，但是比起失掉性命的蜜蜂来说，其实也微不足道了。

 猫的动作语言丰富

猫是一种可爱的动物，是全世界家庭中极为广泛的宠物。驯养猫的历史要比狗晚得多，当猫与人之间建立起互利关系后，猫获得了丰富的食物来源，而人类免除了讨厌的啮齿动物的困扰。

前面讲过猫的声音语言，其实猫的动作语言也是很丰富的，猫的动作语言包括猫用耳、尾、毛、口、身子来表达心情和欲望。比如，如果猫要是腻在人的脚下、身旁，用头蹭人的话，就是亲热的表现；如果猫把从嘴边分

喜爱对主人撒娇的猫咪

泌出来的一种气味蹭到人身上的话，就表示它想把你占为己有；如果猫像鸭子孵蛋一样，前脚往里弯的话，就表示它很心安和有依赖；如果猫在熟悉的人面前张大嘴巴，就表示它非常信任这个人。

在猫的动作语言中，不能忽略猫眼睛的变化，从其变化中能解读出很多讯息。猫的眼睛是很特别的，能够一天三变。这是因为猫眼球的瞳孔很大，而且括约肌的收缩能力特别强。所以猫的瞳孔比人具有更大的伸缩性，对光强弱的反应比人更适应，这样使它的眼睛瞳孔早、中、晚各异。早上光线较弱，为适应这种光线，猫眼瞳孔缩小像梭子一样扁圆；中午有较强的光，它的瞳孔小得像一根线；晚上昏暗无光时，它的瞳孔就会开得像龙眼的核一样圆。这也就是为什么有经验的人，不看钟表看猫眼就大概知道是什么时辰了。

如果发现猫的眼睛轻轻眯合起来，并缓慢扬起头部的话，就知道此时猫比较放松和享受，在向外表达信任、舒服、安逸。一般猫在遇到能够信任的人、同伴，或是接触非常熟悉和喜爱的设施，以及梳理前后肢腋窝时，才会呈现出这种表情。

当猫的瞳孔收缩，并伴随耳朵的细微变动时，可能是猫感觉到了视线方向有好奇物的信号，这种表情通常在猫已经感觉或发现了新的关注目标，但兴趣点并没有脱离原来的关注点的时候出现。

猫满足时的信息是最容易识别的，当猫感到满足的时候，会使自己完

知识链接　野猫

家猫是由野猫驯化而来的。如今，还存在着野猫，野猫也称斑猫或山猫，为独居动物，它们昼伏夜出，一般在清晨和黄昏的时候出来捕猎，主要以鸟类、昆虫以及一些小的哺乳动物和啮齿动物为食。野猫行动敏捷，善于攀爬，通常潜行隐蔽接近猎物，看好时机，突然蹿出。

经过观察发现，生活在不同地区的野猫体色有很大的差别，比如欧洲野猫的体色要比非洲野猫深，而且越靠近森林地带，体色也就越深。

知识链接　**任性又爱撒娇的猫**

　　与狗等动物比起来，猫显得有些任性，喜欢我行我素。猫喜欢单独行动，不像狗一样，喜欢听从主人的命令，愿意集体行动。而猫从不将主人视为君主，对其唯命是从。

　　有时候，任凭主人怎么叫它，它都像没听见一样。看起来猫和主人并不是主从关系，就像是平等的朋友关系。也正是这种看上去平等的关系，才显得猫是那么特别，那么有魅力。有时候，猫会把自己当作主人的孩子，经常像小孩一样撒娇，它觉得无聊的时候，就会爬上主人的膝盖，或者跳到主人摊开的报纸上坐着，尽显娇态，引起主人的关注。

全放松并眯起双眼。放松的猫通常会伸展四肢，并不断挥动自己的爪子，并配有满足的"咕噜"声。

　　另外，猫还可以通过耳朵表达情绪心理。当猫处于警戒状态时，在外面捕猎时或听到有趣的声音时，都会竖起耳朵；猫处于紧张状态时，也会抽动自己的耳朵；当猫害怕时或发怒时，会将耳朵完全贴到脑后去。

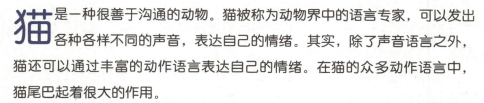

24　猫咪摆尾巴是表达情意

猫是一种很善于沟通的动物。猫被称为动物界中的语言专家，可以发出各种各样不同的声音，表达自己的情绪。其实，除了声音语言之外，猫还可以通过丰富的动作语言表达自己的情绪。在猫的众多动作语言中，猫尾巴起着很大的作用。

　　在猫的生活中，猫尾巴起着调节身体平衡的作用。因此，当猫从高处落下来时，不会因失去平衡而被摔死。除此之外，猫经常借由尾巴的摆动

猫的动作语言很丰富。

来传情达意。所以，要了解猫的情绪心理，尾巴上的动作语言不能忽略。

如果尾巴微弯向下，尾尖微弯向上，这就表示猫正享受着悠闲而惬意的生活；

如果猫尾巴略为提起，柔软地弯曲着，就表示猫正在对面前某种事物产生兴趣；

如果猫的尾巴竖起，尾尖弯曲，就这表示猫对面对它的人有浓厚的兴趣，而且友善亦有亲近这个人的意愿，但是尚有少许保留；

如果猫的尾巴竖起，尾尖竖直，就表示猫非常愿意与人亲近，而且毫无保留；

如果猫尾巴完全垂下，并夹于后腿之间，这是猫惊慌的讯号，又或者是一只顺从的猫在向同类表示它在猫群中的低微的地位；

如果猫的尾巴向下，毛竖起，这表示猫感到非常害怕；如果猫的尾巴强烈地两边摆动，这就表示猫感到很愤怒，如果尾巴持续由一边用力摆向另一边，则表示它已经准备好进攻了；

如果猫的尾巴维持不动，但是尾尖突然震动

知识链接 猫是不是有洁癖？

闲着没事儿猫就会用吐沫"洗脸"，猫是不是有洁癖？的确，猫是很爱干净的，猫经常清理自己的皮毛。很多时候，猫爱舔身子，进行自我清洁。每当饭后，猫会用前爪擦擦胡子，被人抱后，也会用舌头舔舔被抱过的毛。其实，这并非什么洁癖，而是猫的一种本能，猫去除身上的异味，才能躲避捕食者的追踪。在主人抚摸以后，猫舔自己被抚摸的地方，也并非是嫌主人脏，而是在记忆主人的味道，它担心与主人分开后找不到自己的主人。

知识链接　**喜欢贪睡的猫**

人们经常会看见猫在呼呼大睡，猫是很爱睡觉的一种动物。一般来说，猫每天会睡 14 ～ 15 个小时，甚至会睡 20 个小时以上，因此很多人都把猫称为"懒猫"。虽然猫喜欢睡觉，但是绝对不是"两耳不闻窗外事"的。事实上，认真观察你会发现，猫在睡觉的时候是很警觉的。只要稍微有点声响，它们的耳朵就会动，如果有人走近，它们就会腾地一下子站起来。

猫的睡相很可爱，姿势也很多。有时趴着睡，有时坐着睡，有时也仰天大睡。但是，在大多数时候，猫都是身体向右侧卧，后肢微屈；前右肢自然屈于身体右侧，接近头部，紧贴着耳朵；左肢自然向下，并微微伸直。

起来，这表示猫感到少许烦躁。震动得越是有力，则表示它将要爪子出击了；

如果猫将尾巴放在一边，就表示猫要交配了。当雌猫准备跟雄猫交配时，其尾巴会移到一边。当雄猫见到雌猫的这个姿势，便知道可以亲近它了；

如果猫的尾巴竖起笔直，而且毛也竖直起来，这表示猫已经进入防卫状态，尾巴传递出的防守的讯号，表示若继续受到威胁，便会进行攻击。

熟悉猫的人都知道，猫经常会玩自己的尾巴。猫是一种活泼好动的动物，逮住一个线团就可以玩儿上半天，当没东西玩儿的时候，它自己的尾巴就是它的玩具。它们有时会追着自己的尾巴转圈圈，让看见的人忍俊不禁，它自己也玩得心情愉悦。

25 狗用动作表达心声

人们把狗称为"人类最忠诚的朋友"。狗之所以被人类"器重"，是因为它不仅能够守家护院，还可以通过身体动作语言与人类进行交流。

研究发现，虽然狗不会开口说话，但它的语言能力是非常强的。要了解狗的内心世界，除了仔细听狗们的叫声之外，正确了解狗的身体语言也能帮助人们避免人狗之间的误会。

狗能通过身体动作语言与人类交流。

一般来说，当狗把身体后端抬高，前端俯低时，好像是在说："我很高兴，跟我玩一会儿好吗？哪怕只玩一小会儿。"当狗翻过来，肚皮朝天，爪子举向空中时，是表示谦恭与服从的意思。当狗爬跨到另一只狗身上，或是站起来，用爪子按住其他狗的身体，意思是说："我才是大王，你可别忘了，否则给你点教训。"当狗着拱背时，可能是有关性的某些意图，有时在已经绝育的狗身上也会有这种情况，处于发情高潮期的母狗最经常做这样的动作。

知识链接

狗是害怕孤独的动物

　　狗喜欢和人或其他动物一起生活，害怕孤独，不喜独处。与自家的猫、鸡、鸭等其他动物相处过一段时间之后，都可以与它们和谐共处，并对它们进行保护。狗是一种特别害怕孤独的动物，所以尽量不要让自己的爱犬长时间自己待着。当狗被关在家里一整天，见到回家的主人后，会高兴得摇头摆尾。

知识链接 狗急了真的会跳墙吗？

俗话说"狗急跳墙"，狗急了，真的会跳墙吗？这样的说法有道理吗？其实，这是有一定道理的。如果一只狗被逼急了，真的会从墙上一跃而过。狗之所以有这样的本领，源于它体内的一种物质。原来，在动物体内的细胞内都储存着一种叫三磷酸腺苷的高能化合物，它主要来源于食物中的营养物质。在平时，这种物质大部分以化学能的形式储存在动物的细胞内。只有在紧急情况下，这种化学能才会转变成机械能，释放出巨大的能量。

狗的这种转换能量的能力是非常强的，当它们遇到危险的时候，体内的三磷酸腺苷会迅速分解，并转换，然后释放出巨大的能量。在这种能量的作用下，狗的肌肉会猛烈地收缩，产生超出寻常的爆发力。狗急了，跳墙也就不在话下了。

有时候狗会抬起它的小爪子，而且面上表情轻松而愉快，那么表示它只是在期待你的关注。它抬起爪子甚至会和你握手，就是在发出玩耍的邀请。但有时它也会用这样的动作告诉你它的脚趾间有东西，或是脚掌被划破了等信息。

如果你发现狗的耳朵向后缩的同时，头部伏低，眼神躲闪不定，这说明狗的内心很恐惧；如果你发现狗的耳朵向两旁伸展的同时，眉头也皱起来，说明它的心里很紧张；如果你发现狗的耳朵向后缩，或者向两旁舒展，但是眉间没有皱纹，眼神也没闪烁不定，那么就说明它只是喜欢在感觉放松和快乐时动动耳朵而已。

当狗不停地舔自己的鼻头儿，其实是表示它的内心很不安。如果狗耳倾听的话，往往是警惕地察觉到了什么。也许是在倾听周围的动静，看有没有陌生人闯入，或是判断邻家小动物的动向。

在狗的肢体语言中，狗尾巴的动作是非常重要的。虽然不同类型的狗，

其尾巴的形状和大小也各异，但是其尾巴的动作表达出来的意思却大致相同。

一般在自己兴奋或见到主人高兴时，就会摇头摆尾，尾巴不仅左右摇摆，有时还会不断旋转摆动；当尾巴翘起，就表示内心喜悦；当尾巴下垂，就意味着面临危险；当尾巴静止不动，就显示内心不安；当尾巴夹起，说明非常害怕；当尾巴迅速水平地摇动，象征着友好。另外，狗尾巴的动作语言还与主人的音调有关。如果主人用亲切的声音对狗说话，狗就会摇摆尾巴表示高兴；反之，如果主人用严厉的声音说，它仍然会夹起尾巴表现不愉快或者害怕。

26 马的动作语言

马是一种英姿飒爽的动物，受到很多人的喜爱。马的祖先是始祖马，最早生活在北美的森林里，以吃嫩叶为生。随着种群的进化，马逐渐习惯了在草原上的生活。马的体型相差悬殊，这种差异由它们的品种决定。

身材高大的马有 2 米高，体重达到了 1200 千克，而小型马可能不到 1 米，体重还不到 200 千克。而最小的袖珍马只有半米高。

不要认为马不懂人类的语言。科学研究已经证明，诸如狗、马、猫等动物，虽然无法搞懂人类语言的具体含义，却可以准确判定哪些是好话、哪些是坏话，从而决定对人采取什么态度。

马的动作语言是很丰富的，因为它们有着非常发达的嗅觉和灵敏的听觉，这让它们能够迅速地感应

马是通过气味辨别周围的情况。

周围的危险信息，在短时间内快速地作出反应。

饲养马的人，一般都从马身体的各种姿势、脸上各个部位肌肉的动作、尾巴和四肢的活动情况，以及马嘶叫声音等来了解马的情绪。

如果马着急地用前蹄不停刨地，可能是在马饥饿的时候，未能及时给它们饲料；如果马伸出后肢用后蹄乱踢，可能就是它们受到了惊吓。

在"眼"方面：如果眼睁大瞪圆，表示愤怒；如果露出眼白，表示紧张恐惧，眼微闭表示倦怠。

在"鼻子"方面：如果鼻孔张开，表示兴奋、恐惧；如果打响鼻，表示不耐烦、不安、不满。

在"口"方面：如果上嘴唇向上翻起，表示极度兴奋；如果口齿空嚼，表示谦卑、臣服。

在"颈"方面：如果颈向内弓起，肌肉绷紧，表示展现力量或示威；

知识链接　马站着睡觉的本领

　　如果我们困了，就会躺下睡觉，小猫、小狗等小动物也是如此。但是马却站着睡觉，这让很多人感到奇怪。马为什么站着也能睡觉呢？

　　其实，这要从马的历史演变说起，家马的祖先是野马，家马站着睡觉是继承了祖先——野马的生活习性。站着就能睡觉，是野马在自然界残酷的生存竞争当中逐渐养成的一种习惯。

　　在很久以前，野马生活在一眼望不到边的森林、沙漠、草原上，它们面临着双重危机，一面是人类的狩猎，一面是狮子、老虎、豹等猛兽的追捕。野马的战斗力非常弱，逃避危险的办法只有一个，那就是拼命奔跑。

　　因而，为了躲避危险，马要不停地跑，困了就站着睡，走着睡，不敢有一丝懈怠。久而久之，马就形成了这一独特的本领。

知识链接　**蒙古马**

马的种类很多，蒙古马是其中的一种。蒙古马原产蒙古高原，处于半野生生存状态。蒙古马适应能力很强，它们既没有舒适的马厩，也没有精美的饲料。在广袤的草原上，夏日忍受酷暑蚊虫，冬季能耐得住零下 40℃ 的严寒。

蒙古马体形矮小，样貌不是很好，但是它们具有雄悍的马性，不仅能抵御西伯利亚暴雪，还能扬蹄踢碎狼狐的脑袋。

如果颈上下左右来回摇摆，表示无可奈何。

在"四肢"方面：如果前肢高举，扒踏物品或前肢轮换撞地，表示非常着急；如果后肢抬起，踢碰自己的肚皮，若不是驱赶蚊虫，则表示马感到腹痛。

在"尾"方面：如果马尾高举，表示精神振奋，精力充沛；如果马尾夹紧，表示畏缩害怕或软弱；如果无蚊虫叮咬，却频频甩动尾巴，表示不满情绪。

马偶尔打滚是放松身体，反复多次打滚可能患有腹痛疾病。跳起空踢、直立，表示意气风发。另外，马的嘶鸣声有长短、急缓之分，具有呼唤朋友、表示危险、渴求饮食、喜怒哀乐等含义。

如果想跟马儿做朋友，就应该以从容不迫的沉稳态度接近马，在手能碰到马的头、颈、肩的位置上停住，慢慢伸出手，接近马的鼻孔；如果你接近的马有名字，你也恰好知道，就请轻轻呼唤它的名字，如果不知道它的名字，可发出友善的声音，轻轻地与它打招呼。

你接近的时候，马一定会用鼻子嗅闻你的气味，辨别面前的这个人是谁。它琢磨你是否对它有危险，这时你必须注意观察马的眼睛的变化、马的耳朵的动作，揣摩马的心理情绪。

如果马耳随意转动、眼神很安详，你可以顺势用手轻轻接触马的面颊，马表现出很安静的样子，这表明它已经接纳你成为它的朋友了。

总之，要想养马，就要懂得马的肢体语言，这样才能更好地与马交流，跟马做朋友。

马耳朵的变化也能显端倪

马耳朵位于马头的最高点，耳翼很大，耳肌发达，动作灵敏，旋转角度也很大。

马的视觉欠佳，但是听觉发达。在信息传递的过程中，马耳朵的作用可是很大的。

马耳朵是信息感知能力很强的器官，这是在长期进化过程中形成的。听觉发达是对马视觉欠佳的一种生理补偿，这对在原始状态中马的生存来说是非常必要的。

马在自然界中生存的关键问题就是躲避猛兽的袭击，而马躲避猛兽袭击的本领就是逃跑和有限的反击，这离不开它们敏锐的听觉。

人们也正是利用了马发达的听力来进行调教、训练和使役。但是熟悉马的

马的动作语言是很丰富。

知识链接　**马的视觉是很差的**

　　马的听力很强，但是视力很差。马的眼睛位于头部两侧，全景视面可达 330～360 度，马的视域是很大的。因此，马极容易感觉有什么东西接近它，但马眼球呈扁椭圆形，由于眼轴的长度不良，物像很难在视网膜上形成焦点，因而看物体只能形成模糊的图像，多数情况下是看不清楚的。

　　马所看到的物体都呈平面影像，缺乏立体感，因而对距离的判断能力较弱。在跳跃壕沟或跨越障碍时，常出现惧跳的现象。因此，要想使马跨越障碍，需要调教很长时间，而且要经常重复强化。

人会发现，马的耳朵时而摇动，时而竖起，时而前后摆动。原来，马除了用耳朵来听各种声音，还常用耳朵来表达各种的情绪。

　　很多人都知道动物的耳朵是一种听觉器官。可是，很少有人知道，马除了用耳朵作为听觉器官以外，还能用耳朵传递出喜、怒、哀、乐等各种心理情绪。

　　研究发现，马脸部的表情信号极为明显。其中以耳朵、鼻子、眼睛的表情更为显著。在这些部位当中，又以耳朵的"表情"最容易被人们解读，因此，有经验的养马人，很容易就能从马耳朵的"表情"中得知马的心情。

　　一般来说，当马耳朵是垂直竖起的，耳根非常有力，只是时常微微地摇动的时候，就表示马此时此刻心情舒畅；

　　当马的耳朵前后不停地摇动的时候，表示它的心情很不好；

　　当马高高地仰起头来，耳朵向两旁竖立的时候，表示马的内心感到紧张；

　　当马耳朵倒向后方的时候，表示马很兴奋；

🔍 知识链接 马惧怕过高的音响

马的听觉能力很强，过高的音响或音频对马是一种伤害，会使马有痛苦的感受。

观察发现，我国少数民族调教马的口令都很轻，或只给予一定的口哨命令。因为过高的音响或音频会让马感到惊恐。生活中的一些响声，如火车驶过的声音、枪炮声、锣鼓声，都会让马受惊。因此，对军马要经过较长时间的训练和调教，而且要经过反复强化，让马儿适应喧嚣的声音。对于过于敏感的军马或赛马，为了减少高声的刺激，也可以给它佩戴特制的耳罩，这样多少可以避免一些意外的发生。

🔍 知识链接 马打响鼻的原因

熟悉马的人可能听过马打响鼻的声音，这其实是马为了排出鼻腔的异物。马的鼻腔分呼吸区和嗅觉区两部分。呼吸区在鼻腔的前部，能分泌黏液，有防止尘土和异物进入呼吸道的作用。嗅觉区在鼻腔后部上方，大脑嗅觉神经末梢就分布在这里。它的神经细胞具有鉴别饲料、水质以及辨别方向、寻找道路等功能。马之所以打响鼻，就是为了排除鼻腔里的异物，保证呼吸道畅通，以利于准确鉴别食物、水质以及辨认方向、寻找道路。

马受惊时也容易打响鼻。因为马对不同的嗅觉信息会有不同的条件反应。马在嗅到生疏或危险的信息时，就会发出短促响鼻声以示警备，并把这一信息通知同伴。

当马的耳根显得无力，耳朵倒向前方或两侧的时候，表示它在劳动后感到很疲劳；

当马的耳朵向两旁垂着的时候，表示它很困倦，需要休息；

当马感到恐惧的时候，耳朵就会不停地紧张摇动，而且从鼻孔发出一种响声（打响鼻），夜间这种情况特别多。

总之，爱马之人，仅从马耳朵的变化中，就可以知道它的心情如何了。

28 黑猩猩的手势语言

黑猩猩是和人类关系最为亲近的高等动物，它和人类基因的相似度达到了 98.77%。从身体构造上看，同人类也是最为接近的，而且黑猩猩的大脑半球比较发达，表面上的褶皱也比较多。所以，黑猩猩是非常聪明的动物。聪明的黑猩猩动作语言能力非常强，特别是在手势语方面。

黑猩猩的身体毛发浓密，四肢修长，可以像人一样用手拿住东西，还能以半直立的方式自由行走。聪明的黑猩猩会用沾满口水的细树枝来粘蚂蚁，会利用两块石器之间的缝隙敲开果实。人类驯养的黑猩猩，还可以学会人类的各种简单的动作，如用刀叉等餐具进食，用铲子、铁锹等工具挖土，甚至会坐上儿童用的三

聪明的黑猩猩动作语言能力非常强。

轮自行车，骑着车子四处转圈。

聪明的黑猩猩跟人类一样，也有喜怒哀乐各种心理变化，而且根据研究发现，黑猩猩可以以拥抱的方式安慰弱小的黑猩猩，并在其面颊轻吻，以缓解弱小的黑猩猩的心理压力。另外，黑猩猩的手势语言与人类惊人相似。

圣安德鲁斯大学凯瑟琳·霍

知识链接 倭黑猩猩

倭黑猩猩和黑猩猩外表相似，但更能直立。倭黑猩猩的体型和黑猩猩没有多少差异，只是身形较为修长，唯一较黑猩猩小的是脑容量。倭黑猩猩栖息于热带雨林，集群生活，每群 2～20 只，由 1 只成年雄倭黑猩猩率领。倭黑猩猩的食量很大，吃水果、树叶、根茎、花、种子和树皮，有些个体经常吃昆虫、鸟蛋或捕捉小羚羊、小狒狒和猴子等。倭黑猩猩产于非洲刚果河以南，是一种濒临灭绝的动物。

知识链接 黑猩猩捕食

黑猩猩主要分布在非洲中部，向西分布到几内亚。黑猩猩的食性十分广泛，它们会利用不同的方法来取得不同的食物。聪明的黑猩猩有时会捕食一些猴类。黑猩猩在捕食猴类时，会先进行谋划，看看采用什么样的战术比较合适。通常会有一只黑猩猩先

从陆地上超过树上的尤猴群，而其他黑猩猩则会从树上将尤猴群驱赶到埋伏地点，当陆上的黑猩猩到达埋伏地点时，会在树下等候，而其他的黑猩猩会堵住尤猴群的路，只留下一条有埋伏的通道，当尤猴群进入这条路时，埋伏起来的黑猩猩就会群起围攻，最后猎获尤猴。

巴特博士和她的研究小组，花费两年时间对采集的黑猩猩视频进行分析，近距离研究黑猩猩的重复性手势动作，从而推断出此前的研究并未完全地了解的黑猩猩的手势语言。经过研究发现，黑猩猩见面后，彼此之间会点头示意，类似于人类的打招呼；雌性黑猩猩还会做手势示意幼小的黑猩猩爬到它的背部；一只幼小黑猩猩会握着年轻黑猩猩的手，示意让它同自己一起玩游戏。通过此项研究表明，黑猩猩群体中普遍存在着用手势语言，并以此作为沟通交流手段。

其他的科学家还用野外的实验教一头名叫渥索的年幼母猩猩学手势语，经过学习，它很快就能够做"请"、"早安"、"再见"等手势动作，几个月后，它竟掌握了四百多个"手势动作"，能用手比划一大堆事情，与人类的聋哑人的手语不相上下了。手势语学得多了，渥索还能触类旁通，当它学会了一个表示"开着的门"的手势后，还能做出没有教过的"开着的窗"、"开着的抽屉"等许多与"开着"有关手势语，这说明黑猩猩的手势动作还具有表达思想概念和联想等思维功能。

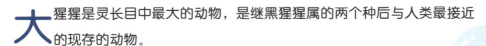

大猩猩捶胸表达什么情绪

大猩猩是灵长目中最大的动物，是继黑猩猩属的两个种后与人类最接近的现存的动物。

聪明的大猩猩主要生存于非洲大陆赤道附近丛林中。它们的外形非常大，面孔狰狞。大猩猩的毛色大多数是黑色的。年长的雄性大猩猩背部毛色会变成银灰色，因此也叫"银背"。

大猩猩甚至和人一样，有着自己特有的指纹，也分为各种血型，大多数是 B 型，也有一小部分 A 型，但是没有 O 型。大猩猩能发出各种各样的声音，并且能利用这些叫声来判断其他群落和自己同伴的位置，

动物语言的问题

大猩猩通过舔食冰块给自己降温。

甚至能确定危险的准确方向和位置。

大猩猩的动作语言很多，以"捶胸"最为著名，它为什么那么喜欢捶胸呢？它捶胸意味着什么呢？大猩猩虽然体大力大，但是性情是相当温和、善良的。只有受到攻击或围困时，才会捶胸，变成危险的反抗者，其实很多时候，捶胸只是它们的自卫行为。

大猩猩过着群居的生活，每一个群体中都会由一个被称为"银背"的成年雄性大猩猩领导。每一群中都会有几只雌猩猩和它们的猩猩宝宝。平日里，"银背"会带领大家寻找食物，并寻找让大家晚上休息的地方。

大猩猩的作息规律跟人类类似。晚上睡觉的时候，大猩猩首先会用树叶"铺床"做窝，每天晚上它们都会重新"铺床"，重新做窝，一般它们"铺床"做窝的过程不超过5分钟，相当迅速。根据生活习性的不同，山地大猩猩一般在地面上"铺床"，低地大猩猩会把床铺到树上。

如果遇到危险，"银背"会用喊叫、捶胸的方式吓唬赶走其他雄性大猩猩，保护本群的安全。

野生的大猩猩我们很少能看到，只能在动物园里多看看它们的身影。在动物园里，人们经常会看到大猩猩用两只手拍着胸膛来回走路。每当敌对的动物出现的时候，大猩猩就会捶胸顿足得更厉害。如果有的游客做出让大猩猩不高兴的事情，它也会立即捶打胸膛，而且它还会怒不可遏地冲向对方。大猩猩的这种捶胸的举动含有示威的意味，就是以此向对方展示自己的绝对力量。

知识链接 大猩猩的食性特点

大猩猩是素食者。它们的主要食物是果实、叶子和根，其中叶子占所吃食物的主要部分。另外，大猩猩也会吃一些昆虫，但是所吃的昆虫多是植物上的昆虫，是不小心被吃掉的，不是刻意为之。

大猩猩的胃口很大，它们甚至会花一整天的时间坐在一棵果树上狼吞虎咽。成年的大猩猩大多数醒着的时候总是不断在进食，肚子总是鼓鼓的。

大猩猩能吃，但是却很少喝水，几乎从来不喝水，这是因为它们所需要的全部水分都从所吃的植物中得到了。对于大猩猩来说，香蕉树的树心是一种最好的食物，因为里面的水分也很充足。

知识链接 长寿的动物——大猩猩

大猩猩是一种生长和繁殖很慢的长寿动物。大猩猩实行"一夫多妻制"，母猩猩的发情期很短，繁殖期不固定，是灵长目中除人类外孕期最长的动物，达255天。雌性大猩猩10岁进入青春期。雄性大猩猩通常在12岁达到性成熟。完全成熟的雄性大猩猩的体型大约是雌性大猩猩的两倍，它们脸颊边缘的纤维组织将脸部变得更宽，有着大而长的喉结，手臂和背上长着长长的、斗篷一样的毛发，能发出低沉的"长叫"。如果完全在野外生活的话，猩猩的寿命大约为35岁；人工条件下，悉心照料，它们可以活到60岁左右。

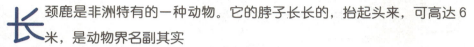

30 长颈鹿用猛烈惊跑来报警

长颈鹿是非洲特有的一种动物。它的脖子长长的，抬起头来，可高达6米，是动物界名副其实的"高个子"。

长颈鹿有这么长的脖子，要从长颈鹿的进化说起。在远古的进化初期，长颈鹿的祖先只有小鹿般大小，以青草为食。但在遇到干旱等自然灾害时，大片草原枯荒，为了生存下去，长颈鹿不得不努力伸长脖子，以图吃到树上的嫩叶子。那些脖子短的长颈鹿，吃不到树上的嫩叶，慢慢被淘汰掉了。

长颈鹿

就这样，天长日久，长颈鹿的脖子越来越长了，最终形成了现在

知识链接

沉默是金——不会叫的长颈鹿

长颈鹿长有长长的脖子，但是却很少听到它的叫声，难道长颈鹿天生是不会叫的吗？其实，长颈鹿是会叫的，只是因为叫起来非常困难。

这是因为它的声带很特殊，在它的声带中间有个浅沟，发声是很困难的。发声一般需要靠肺部、胸腔和膈肌的共同作用才可以，但是由于长颈鹿的脖子太长，使得这些器官之间的距离太远，共同作用起来比较难，所以长颈鹿平时很少叫了。只有在长颈鹿小的时候，如果找不到长颈鹿妈妈了，实在着急才会叫几声。

知识链接　惊人的高血压

在远古时期，长颈鹿活跃在欧、亚、非大陆上。但随着地球环境的变化，长颈鹿的生存地渐渐被集中到非洲东部的少数地区。长颈鹿独特的身躯和体态，没有任何一种动物与之相同，特别是那长长的脖子更是为人们称道。

长颈鹿不仅是个"高个子"，而且高血压。长颈鹿的平均身高为5米左右，当其高高竖起长脖子时，它的头部比心脏高出约2.5米。这样一来，要想把血液输送到大脑中，就需要一个很高的血压，所以长颈鹿的血压要比人类的正常血压高两倍。如果把这样高的血压放到其他动物身上，肯定会因脑溢血而死去，但是长颈鹿却不会有事，这是长期适应的结果。

这个样子。这个"高个子"有着怎样的动作语言呢？

长颈鹿喜欢群居，一般十多只生活在一起，有时多到几十只生活在一起。长颈鹿是胆小善良的动物，每当遇到危险时，就会猛然惊跑。长颈鹿能以每小时50千米的速度向前奔跑。如果跑不掉的话，只好用那铁锤似的巨蹄作为武器进攻。

长颈鹿的一对大眼睛是监视敌人的"瞭望哨"，能够发现很远处的敌人。另外，它还能不停地转动耳朵寻找声源，直到断定平安无事为止。

我们都知道，动物会运用各种不同的行为动作传递信息，这些行为动作是一种无声的语言。长颈鹿在遇到危险时，会用猛烈地惊跑的行为，来向同伴传达警报，让同伴们赶紧做好准备，或者立即逃跑。

非洲的野生长颈鹿往往是站着睡觉的。这是因为长颈鹿的胆子非常小，睡觉的时候也很警觉，一旦发现紧急情况，就会猛然惊跑，以此逃命，也是以此向同伴传递危险的信息。

长颈鹿有时候也会趴着睡觉，睡觉时，长颈鹿趴着的两条前腿和一条后腿弯曲在肚子下，另一条后腿伸展在一边，长长的脖子呈弓形弯向后面，把脑袋送到伸展着的那条后腿旁，下颌贴着小腿。这种科学的睡姿，既能缩小目标，又可在紧急情况下一跃而起，猛然惊跑，逃之夭夭。

据观察发现，与大多数动物相比，长颈鹿的步伐和步态很特别，与几乎所有的有蹄动物如马、羊和牛的行走方式不同，它们行走时，是一侧的前后肢向前挪动，而另一侧的前后肢着地。虽然它们走路的样子很奇怪，但是，它们猛然惊跑的时候速度是相当惊人的。

31 家猪为什么喜欢拱泥土和墙壁

猪 是一种杂食类哺乳动物。它身体肥壮，四肢短小，性情温驯，繁殖能力强，有黑、白、酱红或黑白花等色，是五畜之一。家猪就是农户圈养的猪，它是由野猪进化来的。

据考证，大约在8000～10000年前，原始人类过的都是渔猎生活，经常会捕捉野猪吃，当捕获到的野猪吃不完时，或者捕获到正在怀孕的母野猪，就暂时把它养起来，母野猪会生小野猪，人类得到的食物就更多了，这使人类受到了启发，于是开始了有意

家猪

识地圈养野猪，渐渐成了家猪。

　　至今，家猪有很多动作语言还保留着野猪的习性。也就是说，从家猪的习性上，我们还可以找到野猪遗留下来的一些痕迹，例如，家猪喜欢拱泥土和墙壁。有些人看到家猪拱泥土和墙壁觉得很奇怪，不明白这意味着什么。其实，家猪的这种行为，就是在向人们展示它们祖先的一些生活习性。

　　在远古时期，野猪是没人喂的，只能依靠自己去寻找所需要的食物。为了能吃到生长在地下的植物块根和块茎，野猪在生理形态上形成了突出的鼻、嘴和坚强的鼻骨，野猪使用这个特殊的鼻、嘴能够把泥土拱开，这样就比较容易吃到泥土里的食物了。

　　虽然家猪已经完全适应了圈养生活，但是喜欢拱泥土和墙壁的习性却保留了下来。在吃泥土里食物的同时，还能从泥土中取得自己所需要的磷、

知识链接 猪为什么爱睡懒觉？

　　我们说一个人很懒就会形容他为"懒猪"。确实，猪是比较懒的动物，它们一天除了吃，多数时间都在睡。

　　猪爱睡觉是因为猪的大脑里有一种叫内腓肽的物质，有麻醉作用，让猪总有睡意。另外，猪都比较胖，特别怕热，不爱运动，再加上脑子里分泌的麻醉物质，所以猪就经常睡懒觉了。

　　猪从小就爱睡懒觉，通过观察发现，小猪出生后3天内除吃奶和排泄外，都是在睡觉。随着时间的延续和体质的增强，活动量稍微多了一些，小猪的睡眠时间会相应减少。但长到40天左右的时候，大量的补料之后，它们的睡眠时间又多了起来，一般饱食后就会去睡懒觉了。这种爱睡懒觉的习性将伴随它们的一生。

动物语言的问题

知识链接 **猪真的很笨吗？**

如果一个人觉得某人比较笨，就会说他是"笨猪"。难道猪真的有那么笨吗？的确，猪给人的感觉总是笨笨的。其实，猪只是表面上看上去笨而已。科学家曾经做过让猪和狗进行拉车、开门等测试，最后通过比较发现，猪只要看人示范两三次就学会了，而狗往往要看十几次才能学会，这说明猪并不笨。猪不仅不笨，而且经过训练后，甚至可以帮助人们寻找到埋于地下的东西。

钙、铁、铜、钴等各种矿物质，让自己长得更加强壮。如果想防止家猪拱泥土和墙壁，在建筑猪圈时，应该选择坚硬的材料做墙壁和地坪，但是要注意在饲料中充分供应适应家猪生理需要的矿物质。

3 野猪的动作语言与众不同

野猪又叫山猪，是一种杂食性动物，什么都吃，只要是能吃的就来者不拒。冬天，野猪喜欢居住在向阳山坡的栎树林中，野猪要靠栎林落叶层下的大量橡果过冬。

夏季，野猪喜欢居住在离水源近的地方，这些地方方便野猪取食，同时还可以在泥水中洗浴。野猪不仅善于捕食兔子、老鼠等，还能捕食蝎子和蛇等有毒的动物。

野猪和家猪虽然有着共同的祖先，但是在长期的进化过程中，它们之间产生了很大的区别。

野猪

由于野猪生活在丛林山谷中，要经常躲避猛兽的侵袭，并且需要自己捕食猎物，身材不会像家猪那样又肥又胖，而是又细又长了。而且四肢比较长，毛多为褐色，牙齿很长，长出口外。

另外，野猪的成长速度也远比猪要慢得多，体重比较轻，约二三百斤的样子。目前来说，野猪世界分布广泛，具有很强的生存能力，几乎没有天敌，敢与老虎搏斗，常常成群结队出没。通常在白天的时候不出来活动，只有到了早晨和黄昏才出来寻找食物。

野猪是一种普通的，但又使人捉摸不透的动物，特别是一些动作语言，是那么与众不同。雄野猪会花好多时间在树桩、岩石和坚硬的河岸上，摩擦它身体的两侧，这样做的目的是为了把皮肤磨成坚硬的保护层，可以避免在发情期的搏斗中受到伤害。

野猪会在领地中央的固定地点排泄，粪便可以累积达一米多高。在平时，野猪总是把尾巴悠闲自在地转来转去，但一旦觉察到有危险的情况，就会扬起尾巴，在尾尖上打个小卷，以此给同伴报警，让同伴做好御敌的准备，或者迅速逃跑。

知识链接 分布与现状

　　野猪的分布范围是非常广泛的，在整个欧亚大陆，几乎都能看见它们的身影。在世界上，除了澳大利亚、南美洲和南极洲之外，都有野猪出没。在我国，野猪主要分布在东北三省、云贵地区、福建、广东等地。

　　虽然野猪分布广泛，生命力顽强，但是由于近年来生存环境、空间的破坏，以及人类的大量猎杀，导致野猪的数量急剧下降，有些国家甚至将其列为濒危物种。

百毒不侵的胃

我们都知道，野猪的食性很杂，有时甚至会吃有毒的动物。从野猪吃有毒食物而不会被毒死来看，可以说野猪的胃百毒不侵。据说，野猪的胃之所以百毒不侵，是因为野猪的胃长期在各种中草药浸泡下，已经形成了一套疗毒愈合伤口的本领，即使被毒蛇的牙咬到，也会在伤口基底生出肉芽组织，进而形成纤维组织和瘢痕组织，在胃表面胃黏膜上留下一个"疗"，"疗"越多，药效也就越高。

现代医学实验也证明，野猪的胃含有大量人体必需的氨基酸、维生素和微量元素，不仅可以助消化，促进新陈代谢，而且对胃出血、胃炎、胃溃疡等有积极的治疗作用。

豪猪可用尾部刺吓唬来敌

豪猪，又称箭猪。豪猪身体肥壮，颜色有褐色、灰色及白色。豪猪生活在深山老林中，多成群结队活动，白天喜欢躲在穴中睡觉，晚间出来觅食，特别喜欢吃花生、番薯等农作物。

豪猪自肩部以后直达尾部密布长刺，刺的颜色黑白相间，粗细不等，极为锐利，很易脱落，会刺入攻击者。刺有倒钩，可以挂入攻击者的皮肤内，一旦挂入很难除去。

豪猪的尾巴是很特别的，尾部有数十个由棘刺演化成的硬毛，顶端膨

大，摇晃起来"刷刷"作响，就像一组"小铃铛"，在数十米以外就能够听见这种声音。

特别是豪猪受到惊吓的时候，尾部的刺就会立即竖起，"刷刷"作响起来，以此警告敌人，不要前来侵犯。正因为豪猪有着特殊的武器，而且能够用尾刺的响声震慑其他的猛兽，因此即使凶猛的食肉兽类也不敢轻易靠近豪猪。

假如有的猛兽听见了豪猪刺的声音，不但没有退却，反而进一步侵犯豪猪，豪猪不会犹豫太久就会选择进攻。豪猪从守势，立刻转入

拥有尾刺武器的豪猪

攻势：闪电般地转过身体，把尾巴上的刺尖对准敌人，后退着冲过去。锋利的尾刺就会扎进敌人的嘴里、皮肤里，并迅速脱落，留在敌人的嘴里或者皮肤里。当敌人忙着拔刺的时候，豪猪早就跑得无影无踪，远离危险了。

有时，豪猪还能将背部的硬刺靠肌肉弹动的力量，一支一支地射出来，如同开弓放箭一般，当然这些"箭"射出后的力量很小，没有多大的杀伤力，只是吓唬一下敌人而已。不过，一旦被这些刺扎入皮肉内，敌人想要拔出来就难了。因此大多数动物深知豪猪的厉害，轻易不敢来招惹它，怕一不小心被刺得皮肉溃烂或者耳聋眼瞎。

豪猪是一种聪明的动物，不但可以用尾刺的声响震慑来敌，还可以利用洞穴迅速逃生。豪猪的洞穴虽然是自己挖掘修筑的，但主要是扩大和修整穿山甲和白蚁的旧洞穴而得。豪猪所住的洞穴构造复杂，通常由主穴、副穴、盲洞和几条洞道组成。盲洞是遇到危险时避难的场所，一般洞道较窄。豪猪的洞穴一般有2个出口，有时多到4个，不管怎样，必有一个开

85

知识链接 豪猪身上的刺

　　豪猪身上的刺是最引起人们关注的。豪猪是天生就有这种刺，还是后天形成的？其实，豪猪出生时就带刺，不过那时候的刺都是很柔软的，大约 10 天之后，这些刺才会渐渐变硬。

　　平时豪猪身上的刺贴附于体表之上，只有当豪猪遇到敌害时，才会迅速将身上的刺直竖起来，由于肌肉的收缩，使身上的刺不停地抖动，如同颤动的钢针，互相碰撞，发出"刷刷"的响声，同时豪猪的嘴里也发出"噗噗"的叫声。

知识链接 豪猪理论

　　心理学上有个著名的理论，叫作豪猪理论：一群豪猪冬天挤在一起取暖，但是它们怎么都掌握不好彼此之间的距离，如果离得太近了，身上的刺就会互相扎着，疼痛难忍；如果离得远了，又会感觉到冷，不够暖和。经过几次磨合，它们终于找到了不远也不近的合适距离。这个

理论就是想告诉人们：在与人相处的时候，要掌握好距离，不可太近，亦不可太远。

口在杂草丛中，一旦遇到危险，从此处逃生更为容易一些。

34 鱼儿的跳跃究竟意味着什么

人们常用活蹦乱来形容鱼儿，的确，许多鱼都喜欢跳跃。有不少地方的渔民，就是利用鱼爱跳跃的习性来进行捕鱼的。

根据研究发现，不同的鱼，跳跃本领也是不同的。有的鱼跳得非常高，如古巴沿海有一种"跳鱼"，一次能跳离水面4～5米高，它可算得上鱼类中的"跳高冠军"。其他一些爱跳的鱼，一般也能跳出水面1～2米高。现在人们普遍饲养的鲤鱼，就是很喜欢跳跃的一种，人们常用"鲤鱼跳龙门"来比喻一个人中举、升官等飞黄腾达之事。

鱼儿为什么会喜欢跳跃呢？鱼儿活蹦乱跳的动作语言到底意味着什么呢？

一是意味着环境上的变化。如正在行进中的鱼，为了躲避敌害的突然袭击，或是越过前进途中的障碍，或者是为了迅速捕捉食物，或者受到突然的恐吓等。一些渔民常用"跳白"的方法进行捕鱼，就是在小船底下涂上白色，在船上点上灯，灯光照在水面上，船底的白色像镜子一样，能够反射光线，反射到水底，会使水下的鱼受惊，从而跳跃起来。

二是意味着生理上的变化。如很多鱼到了快要生小鱼的时候，鱼儿体内就会产

跳鱼

生一些能刺激神经的东西，使鱼儿处在兴奋状态，兴奋的鱼儿特别喜欢跳跃。

三是意味着鱼儿心情愉悦。有的鱼儿本身的习性就比较活泼，心情一高兴就喜欢跳跃。例如，鲤鱼在黄昏的时候，感到心情愉悦，就会进行跳跃。

很多有经验的渔民，能够从鱼儿的跳跃中

知识链接　鱼在水里如何呼吸？

鱼儿离不开水，一生都在水里生活。鱼儿为什么能在水里呼吸呢？鱼之所以能在水中呼吸，是因为它们长有一种特殊的呼吸器官——鳃。鳃是鱼重要的呼吸器官，它位于鱼的头部的两侧，最外面的一层是坚硬的鳃盖，里面有一个空腔——鳃腔。鳃腔内的鳃片布满大量的鳃丝，鳃丝上长着微细血管。当水从鱼的口腔进入到鳃腔时，水流的方向恰好与鱼血液流动的方向相反，因此，鳃腔的血液就会与水中的氧气相互交换，鱼便实现了呼吸功能。一旦离开了水，鱼鳃就会变得非常干燥，进而黏在一起，鱼就不能呼吸了，很快也就死亡了。此外，鱼鳃还有滤食的功能。

知识链接　鱼为什么会有腥味？

鱼儿会有腥味，这是我们都知道的，鱼儿为什么会有腥味呢？并不是人人都清楚。鱼之所以有腥味，因为在鱼身体的两侧各有一条白色的腺体——腥腺。腥腺能不断地分泌出一种黏液，分泌出的黏液里含有一种带有腥味的三甲胺。在常温情况下，带有腥味的三甲胺很容易挥发出来，散布到周围的空气中，所以闻起来，鱼儿就是腥腥的。

鱼儿分泌出的黏液除了能散发出腥味，还能使鱼的表面保持光滑，使鱼游动起来自由灵活。另外，这种黏液还可以凝结水中的浮泥、脏物等，使水质更清澈，洁净鱼儿的生活环境。

判断出很多信息。至于鱼从水中被捞上来以后的活蹦乱跳，是因为鱼本来在水中生活，全身的肌肉总是一伸一缩，摇头摆尾前进的；当它们刚离开水的时候，会像在水里一样，做着同样的动作，但因没有水的阻力，所以摇头摆尾的动作特别快。当碰到比较坚实的东西时，就呈现出活蹦乱跳的现象了。

 "鳄鱼的眼泪"为何流

在人们的心目中，一提到鳄鱼就觉得很恐怖，认为鳄鱼是一种邪恶的鱼。鳄鱼其实并不是鱼，而是既可以在水里生活，又可以在陆地生活的两栖类动物。

一般来说，鳄鱼主要生活在亚热带的湖泊、河流、海岸上。鳄鱼不仅喜欢吃鱼类和蛙类等小动物，甚至吃人畜，是一种典型的肉食性动物。但是在吃动物的时候，却会有"流泪"的动作语言，这是为什么呢？

鳄鱼生性残忍，长相丑陋。它的一对眼睛向外凸起，看上去十分凶恶；一排像锯齿形的牙齿，锋利如钢；浑身上下全披着一张鳞甲；嘴十分大，如同一张簸箕。所以，人们一想到鳄鱼，就立刻会想到血盆大口、尖利牙齿、全身坚硬的盔甲、时刻准备吃人的神态。其实，鳄鱼凶神恶煞般的模样就是为了自身的生存，所有的动物包括人都是它的食物，再凶猛的动物见了它凶神恶煞的模样也常主动避让，绝不敢轻易招惹它。

鳄鱼

鳄鱼的种类很多，身体都十分长，身强体壮，捕食猎物十分凶猛。不过当我们仔细观察的时候，却会发现，凶猛的鳄鱼在吃小动物的时候，会情不自禁地流"眼泪"。

"鳄鱼的眼泪"是一句西方谚语。古代西方传说，鳄鱼既有凶猛残忍的一面，又有狡诈的一面。当它窥视着人、畜、兽、鱼等捕食对象时，往往会先流眼泪，作悲天悯人状，然后突然进攻失去警惕的动物们。还有另一种说法，鳄鱼将猎物抓捕到手之后，在贪婪地吞食的同时，会感到内心难过。难道鳄鱼真是在表达内心的悲伤，不忍心吃这些小动物吗？

其实，鳄鱼流眼泪并不是因为悲伤，而是为了排出体内多余盐分的一种生理现象。由于鳄鱼常年生活在盐度较高的海水里，必须要将体内多余的盐分排出体外才能生存。鳄鱼的盐腺长在眼睛的旁边，鳄鱼就是通过体内的盐腺来排出多余盐分的。这种盐腺的中间是一根导管，并向四周辐射出数千根细管，它们和鳄鱼体内的血管交错在一起，能把血液中的盐分分离出来，再通过中央导管排出体外。有时，鳄鱼在捕捉食物的时候，盐腺

知识链接 短吻鳄

目前，只有中国和美国有短吻鳄。短吻鳄和其他的鳄鱼一样，都是个头很大的动物，都有强健有力的尾巴，既能够用来防卫，又能够用来游泳。

短吻鳄喜欢生活在广阔的水域，如沼泽、湖泊、大河等地方。它们也会挖掘洞穴进行冬眠，还可以利用洞穴躲避危险。

短吻鳄属于肉食类动物，成年的短吻鳄主要以鱼虾、鸟类和小型哺乳动物为食，有时也吃牛、马、羊等大型动物。

据观察发现，短吻鳄能发出"嘶嘶"的叫声，雄短吻鳄还能够发出响亮的吼叫声，在很远的地方就能够听见它的叫声。

也正在排出盐分，因此，就出现了鳄鱼在吃食物的时候，流眼泪的现象。

所以，人们一定要清楚，鳄鱼流出来的不是眼泪，也不是在"假慈悲"，而是鳄鱼的正常反应，在利用盐腺排出多余的盐分，使身体内的盐分达到均衡。

知识链接 被称为"活化石"的扬子鳄

扬子鳄是我国特有的一种鳄鱼，现存数量非常稀少，已被列为世界濒临灭绝的爬行动物。人们称扬子鳄为"活化石"。

从外貌上看，扬子鳄的吻又短又钝，属于短吻鳄；头部较大，鳞片上有颗粒状和带状纹路；身体表面覆盖革制甲片，腹部的甲片较高；背部呈暗褐色或墨黄色，腹部呈灰色；尾巴长而扁。

扬子鳄主要生活在淡水中，喜欢栖息在湖泊、沼泽等地。一般情况下，它们白天躲藏在洞穴中，晚上才外出觅食，主要捕食鸟类、昆虫以及小型动物等。

36 一生气脖子就变粗的眼镜蛇

眼镜蛇一生气的时候，就会展现出"脖子粗"的动作语言。

眼镜蛇的脖颈扩张时，背部会出现一对美丽的眼镜状黑白斑，因此称为"眼镜蛇"。这是眼镜蛇最显著的特征。

眼镜蛇黑褐色的底色上间杂着白色的条纹，腹部黄白色，色泽分明。眼镜蛇的体型比较大，有的甚至长5～6米。主要吃一些小型脊椎动物以及其他蛇类。

眼镜蛇是地球上最大的毒蛇，它们的毒牙非常短，可以分泌毒液，而毒液里一般含有神经毒，能够毁坏被掠食者的神经系统。

眼镜蛇虽然毒性很大，但是不会随便攻击人和动物的，除非是踩到它身上或者让它感觉到受到威胁时，它才会进行反击。

眼镜蛇有一种很特别的动作语言，就是发怒时"脸"不红，"脖子"却会变粗，所以也有人称它为"膨颈蛇"。

在印度等东南亚地区，当舞蛇人吹起悠扬的笛声时，眼镜蛇的脖子会突然膨胀，接着就会立

生气的眼镜蛇

起上半身子，随着舞蛇人的舞步，它的头部也来回摆动，难道眼镜蛇真的能听懂音乐吗？

其实，眼镜蛇不但听不懂音乐，而且它的耳朵已经退化了，根本就没有了听觉。眼镜蛇听见音乐脖子膨胀，是因为它的脾气很暴躁，当身体感到震动的时候十分愤怒，于是"狂舞"起来。

知识链接　蛇没有脚为什么会爬？

蛇没有脚，为什么能很快爬行呢？这是由于蛇有着特殊的运动器官和运动方式的缘故。蛇全身都包裹着鳞片。鳞片分两种：一种在腹部叫腹鳞，另一种在腹鳞的两侧和背面叫体鳞。

蛇是没有胸骨的，但肋骨能前后自由活动。当肌肉收缩时，引起肋骨向前移动而使腹鳞稍稍翘起，翘起的鳞片尖端像脚一样踩住地面或其他物体上，就这样推动着身子前进。当波状运动时，体侧不断对地面施加压力，推动蛇体前进。

知识链接　蛇能吞下比自己粗大的动物

蛇的嘴看起来并不大，但是却能吃下比自己粗大的食物。原来，蛇的嘴巴和其他的动物有很大不同，蛇的嘴巴夹角能张大到130度，能将食物完全包裹住。另外，蛇的头部接连到下巴的几块骨头是可以活动的，不像别的动物那样固定，这样它的下巴就可以向下张得很大。而且，蛇的嘴巴两边的骨头可以连接成活动的榫头，可以向两侧张得很大，而且左右都不受限制。

眼镜蛇的脖子变粗，是在向敌人发出警告。眼镜蛇的肋骨一端是活动的，而颈部肋骨比其他部位的长，当它遇到侵扰时，其身体前半部竖起，颈部的肋骨就极力扩张，于是就将皮肤撑开，脖子就变粗了。如果你看到眼镜蛇的脖子变粗了，千万要小心提防，愤怒的眼镜蛇可不是好惹的。

眼镜蛇不仅毒性强，而且十分狡猾。它们在捕猎时，常常会躲在草丛中，只露出尾巴轻轻摇动，使得老鼠、小鸟等动物往往以为是蚯蚓在爬动，当这些动物兴奋地前去捕食时，眼镜蛇就会迅速冲出来进行偷袭，转眼工夫，老鼠、小鸟就成了它们的口中之餐。

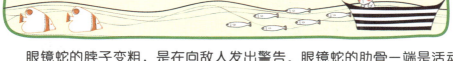

37　鹿的尾巴就像一个"报警器"

鹿的体型有大有小，大多数种类的鹿的毛色深暗，多分布在草原、森林和山地中，是典型的食草性动物，它们主要以果实、种子和树叶等为食。

鹿的腿又细又长，非常擅长奔跑，在辽阔的草原上奔跑的鹿形成了一道靓丽的风景。

鹿的尾巴跟羊的尾巴差不多，但是却有着传递信息的作用。

一般雄鹿有一对角，并会随年龄的增长而长大；雌鹿是没有角的。雄鹿的幼角叫作鹿茸，是名贵的中药材。鹿角的生长与脱落受鹿的脑下垂体和睾丸激素的影

鹿通过尾巴的摆放位置传递信息，就像一个"报警器"。

响。鹿角每年都会脱落，随后又生出新的。整个脱落过程仅仅需要 2～3 周就可以完成，再生的阶段发生在夏天。

鹿的动作语言中，尾巴的作用是很大的。鹿的尾巴对于鹿来说是很重要的，因为它能起到传递信息的作用。如果鹿的尾巴静静地垂下来，保

知识链接 驯鹿惊人的举动

驯鹿都有鹿角，而且有非常繁复的分枝，这是它们外观上的重要特征，所以驯鹿又叫作"角鹿"。驯鹿主要分布在北半球的环北极地区。驯鹿最惊人的举动，就是每年一次长达数千米的大迁移。

驯鹿迁徙的时候，总是匀速前进，只有遇到狼群的惊扰或猎人的追赶，才会猛跑一阵子。它们一起奔跑的时候，总是会发出惊天动地的巨响，扬起满天的尘土，彻底打破草原的宁静，在沉寂无声的北极大地上展开一场生死角逐。

有着神奇功效的鹿胎盘

纵观鹿的一生，总是充满活力，无明显的体态衰老现象，这一切皆归功于其胎盘中的生命原动力——活性囊胎素。另外，鹿胎中还含有鹿胎蛋白、氨基酸、维生素、矿物质及人体必需的微量元素。这些物质能明显提高人体的活力，加速新陈代谢，清除体内毒素沉积。因而，鹿胎盘能使人体保持年轻状态，有美容养颜、延缓衰老的明显作用。据史料记载，唐朝女皇武则天为保持容颜不老，经常使用以鹿胎盘等配制而成的玉容方。

持一动也不动的状态，那就说明一切正常，平安无事；如果鹿的尾巴呈现出半抬起来的状态，表示鹿正处于警戒状态，可能发现了什么敌情；如果鹿的尾巴完全竖立起来，就说明危险已经很近了。由此可见，鹿的尾巴就像一个"报警器"。

而且鹿尾巴下面有亮点，当危险接近鹿群时，首先发现敌情的鹿会竖起尾巴，让同伴们看见尾巴上的亮点，借此向同伴发出警报。鹿群得到警报之后，就会马上逃离危险之地。

38 燕子传递出的行为语言信号

燕子是常见的一种鸟。背部为黑色，闪着金色蓝光，它有一对狭长的翅膀，尾羽分叉，很像一把剪刀，这是燕子的典型特征。

人们观察发现，燕子喜欢栖息在人类居住的环境中。所以，在村落附近，常常能看见成对或成群的燕子栖息于房顶、电线以及附近的河滩和田野里。燕子喜欢在民居房的角落或民居房的灯泡上方用泥和树枝筑巢。

燕子哺育幼鸟

燕子善于飞行，大多数时间都成群地在村庄及其附近的田野上空不停地飞翔，飞行迅速敏捷，有时飞得很高，像鹰一样在空中翱翔，有时又紧贴水面一闪而过，时东时西，忽上忽下，没有固定飞行方向，有时还不停地发出尖锐而急促的叫声。燕子的动作语言极为明显，首先人们能够根据它们的迁徙知道季节的变化。

燕子具有迁徙的特性，秋天要飞到温暖的南方去过冬天，除了到那里寻求温暖外，主要是为了到那里寻找食物。燕子的嘴很大，张开以后，像

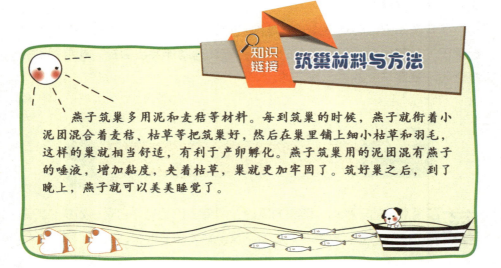

知识链接　筑巢材料与方法

燕子筑巢多用泥和麦秸等材料。每到筑巢的时候，燕子就衔着小泥团混合着麦秸、枯草等把筑巢好，然后在巢里铺上细小枯草和羽毛，这样的巢就相当舒适，有利于产卵孵化。燕子筑巢用的泥团混有燕子的唾液，增加黏度，夹着枯草，巢就更加牢固了。筑好巢之后，到了晚上，燕子就可以美美睡觉了。

知识链接 燕子剪刀形尾巴的作用

　　燕子的尾巴是剪刀形的，这种形状主要是为了保持平衡，提高自身的飞行速度。燕子在飞行的时候经常会遇到气流的阻力，而剪刀的形状是流线型的，这种形状能将燕子遇到的阻力减到最小，让燕子飞得更快。

　　燕子的剪刀形尾巴，无形中为更好地哺育后代作出了贡献。研究发现，一窝小燕子每天要吃掉几百条虫子，只有飞得更快、更稳，燕子夫妇才能捕捉到更多的食物。

知识链接 席上珍馐——燕窝

　　燕窝，顾名思义指的是燕子的窝。不过，珍品"燕窝"可不是家燕的窝，而是金丝燕的窝。

　　每年春天是金丝燕做窝的时节。金丝燕的口腔中能分泌出一种胶质唾液，吐出后经海风吹干变成一种半透明的略带黄色的物质，金丝燕用这种唾液和着纤细的海藻、身上的羽绒和柔软的植物纤维做窝。

　　金丝燕的窝被采摘之后，要经过浸泡、除杂、挑毛、烘干等复杂的工序，才被制成我们平时所说的珍品"燕窝"。燕窝是养肺的佳品，是宴席上的上等珍馐，与鱼翅、熊掌、猴头并称我国的四大名菜，价格不菲。

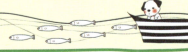

个捕虫网，当它在空中飞的时候，迎面而来的小虫子，就会被它吸到口中。当北方天气冷了，小虫子渐渐少了，而南方却相反很多。于是，在北方就能看见燕子春天来了、秋天走了的现象。

其次，燕子还可以用自己的行为语言播报天气预报。每当燕子飞得低的时候，有经验的人就知道要下雨了。这是因为，下雨前空气中的湿度较大，使得昆虫的翅膀比较湿，飞行能力大受影响，只能贴近地面附近飞行，于是，燕子也就降低了飞行的高度，也贴着地面寻找自己的食物——昆虫。

第三章

动物的颜色也能"说话"

为什么鸟类的羽毛五颜六色

蝴蝶美丽的翅膀有什么用

梅花鹿随着季节更换"衣裳"

"豹纹"就像人类的指纹一样

孔雀用艳丽的尾屏传达信息

鱼儿用颜色保护自己迷惑他人

斑马穿着黑白相间的"条纹衫"

"色彩"是变色龙的传话筒

39 为什么鸟类的羽毛五颜六色

鸟类是大自然的小精灵，它们的体型或小巧玲珑，或高大威猛；它们的性情或活泼欢快，或宁谧安逸；它们生活的空间或是碧蓝的天空，或是辽阔的大地。鸟类美丽的形态、优雅的身姿、美妙的鸣叫声，都让人们着迷。所以，鸟类是自然的小精灵，是人类的好伙伴。

鸟类的羽毛可以御寒、保持恒温。

一般来说，鸟儿的色彩语言是很明显的，所有的鸟类都长有羽毛，羽毛是它们身体不可或缺的重要组成部分，而且鸟类的羽毛是五颜六色的，看上去让人赏心悦目。鸟类的美丽，最主要的就是它们五颜六色的羽毛。鸟类的体表大部分都被羽毛所覆盖，不同种类的鸟羽毛的色彩、形状、质地、长短等特征也是不同的。

鸟类的羽毛会呈现出各种各样的色彩，是因为鸟类的羽毛在生长过程中沉积大量的化学色素，如黑色素产生黑色和深褐色羽毛；类胡萝卜素产生红、黄等明艳的颜色。比如，美丽的火烈鸟全身火红，安详的白鸽全身雪白，而艳丽的鹦鹉则具有红、黄、蓝、绿、褐色等多种色彩。

从进化的观点来看，动物与自己栖息的环境总是在各个方面都形成适应性的。鸟儿也不例外，它们五颜六色的羽色也是在长期的生存竞争中形成的。

鸟类五颜六色的羽毛，不仅使鸟类变得更为美丽，还有御寒和保持恒定体温的作用，更能帮助鸟儿适应环境，减少伤害。生活在荒漠地带的鸟，羽毛大多色泽黯淡，这与沙地的颜色极为接近。而生活在温暖地带的鸟儿，羽毛就非常艳丽了。这是因为温暖地带气候潮湿高温，林中的花草也五颜六色。鸟儿五颜六色的羽毛能使自己身处林中易于隐蔽，防止受到其他猛兽的攻击。

知识链接　鸟类羽毛的种类

鸟类的羽毛主要分为体羽、翼羽、尾羽、绒羽等。覆盖全身的光滑而柔顺的羽毛是体羽，而分布在翅膀上和尾巴上的分别为翼羽和尾羽。一般来说，翼羽和尾羽要比体羽更硬一些，也更为有力，这样才便于支撑鸟类的飞行；翼羽和尾羽中又会长有几根较长而硬的翎羽。

绒羽是位于体羽下方紧贴皮肤的一层短短的羽毛，浓密而蓬松，它的作用是保持鸟类的体温。

知识链接　鸟类的飞行

鸟类的飞行速度，有时飞快，有时缓慢。在森林中生活的鸟类，常常在树枝间来回翻飞；而翱翔在天空中的鹰、隼等，看起来飞得很慢，可当它们发现有猎物出现时，便会快速地俯冲下来抓住猎物，得手后再迅速飞向天空。而在海洋上空飞旋的海燕和鸥鸟等，喜欢追逐在轮船身后自由飞翔。

鸟类的飞行能力十分惊人。如果遇到危险或有大型飞禽接近时，有的鸟类也会急速地飞行，以躲避敌害；有的鸟类还可以连续长时间飞行，经过遥远的路程，翻山越岭，飞越湖海。

知识链接

鸟类的迁徙

　　每年春天到来的时候，有些鸟儿便由南方飞到北方来生活；而到了寒冷的秋冬季节，它们又从北方飞往南方。鸟类的这种周期性的栖息场所迁移的行为，被人们称为迁徙。

　　不同种类的鸟儿有着不同的迁徙方式和迁徙路线。北极燕鸥每年都要在北极和南极之间往返一次，而燕子、大雁等每年也会按照一定的路线进行南北间的往返。

　　鸟类的迁徙，是它们在漫长的进化过程中为了适应自然环境的需要而逐渐形成的。另外，由于自然灾害、环境的变化等原因，也会造成一些鸟类不规律的迁徙行为。

　　鸟类中常常雄鸟拥有五颜六色的羽毛，而雌鸟则灰暗得多。因为雄鸟要用它五颜六色的羽毛吸引雌鸟，它们就是以艳丽的羽毛作为信息，引起雌鸟注意的。同时，也是在用这些张扬的色彩，向其他雄鸟发出警告的信息，以免发生争抢等冲突。

　　鸟类的羽毛不仅看上去艳丽，而且总是很干净，这是因为平时鸟儿喜欢梳理和清洁自己的羽毛。它们经常将喙伸入羽毛里，清除隐藏在羽毛中的寄生虫或杂质，同时将羽毛梳理得顺滑整齐。有时候它们会来到水中洗澡，清洁羽毛。通过不断地梳理和清洁，鸟类的羽毛会生长得更好，更美丽。

　　而且，鸟类的羽毛需要定期更换，大多数鸟每年至少换一次羽毛。时机一到，旧的羽毛脱落，新的羽毛长出，看上去非常光鲜。

40 孔雀用艳丽的尾屏传达信息

孔雀有"百鸟之王"的美誉。孔雀有绿孔雀和蓝孔雀两种：绿孔雀分布在中国云南省南部，为国家一级保护动物；蓝孔雀分布在印度和斯里

美丽的孔雀

兰卡。

孔雀虽然有翅膀，但是不能飞，只有在下降滑行时才能短暂"飞"一会儿。孔雀的腿强健有力，奔跑速度很快，逃窜时尤为明显。孔雀的食性很杂，主要吃种子、浆果等。觅食姿势与鸡一样，边走边点头啄食。

孔雀非常美丽，色彩语言丰富。孔雀的头顶上有一簇高高耸立着的羽冠。孔雀的羽毛非常美丽，表面长了一层薄薄的角质。这种角质有特殊的功能，可以把日光反射成灿烂夺目的色彩。人们从孔雀身上看到的，正是光线通过角质反射或折射出来的颜色，而不是羽毛本身的色彩，这种颜色会随着光照角度的变化而改变，因而很不稳定，看起来眼花缭乱的。

一般来说，雌孔雀无尾屏，背面浓褐色，泛着绿光，但是没有雄孔雀美丽。雄孔雀羽毛翠绿，背下闪耀紫铜色光泽。尾羽延长形成巨大的尾屏，上面有五色"眼状斑"，开屏的时候非常艳丽，就像一把漂亮的扇子。

知识链接 迷人的孔雀舞

在傣族人民心目中，"圣鸟"孔雀是善良、智慧、美丽和吉祥、幸福的象征。从孔雀优美的姿态中，傣族人得到启示，编出了优美动人的孔雀舞。在种类繁多的傣族舞蹈中，孔雀舞是人们最喜爱、最熟悉、具有代表性的一种傣族民间舞蹈。由于代代相传及民间艺人的精心创造，形成了各具特色、不同流派的孔雀舞。每到盛大节日，傣族人都会聚集在一起，敲响大锣，打起象脚鼓，跳起姿态优美的孔雀舞，来表达愉悦的心情。

雄孔雀开屏能传达出三种信息：

一是传达求偶信息。雄孔雀没有清甜动听的歌喉，只好凭着一身艳丽的羽毛，尤其是那迷人的尾羽来向它的"对象"炫耀雄姿美态。孔雀开屏最频繁的季节是在春季3~4份。雄孔雀开屏，其实是在求偶，它为了展示自己多么漂亮，以引起雌孔雀的注意，或者是为讨好雌孔雀，希望与雌孔雀多生一些孔雀宝宝。

二是传达自我保护的信息。在孔雀的大尾屏上，可以看到散布着许多近似圆形的"眼状斑"，这种斑纹从内至外是由紫、蓝、褐、黄、红等颜色组成的。当遇到外敌而又来不及逃避时，孔雀便突然开屏，然后抖动起来，尾羽"沙沙"作响，"眼状斑"随之乱动起来，有的敌人畏惧于这种"多眼怪兽"，就不敢进攻了。

三是受到了惊吓，传达出恐惧心理。在动物园中，如果游客穿着漂亮醒目的服装站在孔雀面前，孔雀有时候也会开屏，这可不是为了与人类比美，完全是因为受了惊吓而产生的防御示威行为。

知识链接　孔雀睡觉很怕吵

孔雀一般群居在河岸边或者热带森林中，经常是一只雄孔雀配数只雌孔雀，三五只成小群活动。

孔雀的作息一般都很有规律。清晨云雾弥漫时，孔雀就悄悄走到河边，先汲水、理羽梳妆，然后才结队到树林里去觅食。中午时分，阳光强烈了，它们就躲到树荫里去睡觉。几个小时之后，它们会才出来四处觅食。直到黄昏降临，它们才会回到树林，躲在密枝浓叶中睡大觉。

孔雀的胆子很小，很怕惊吓，所以喜欢在安静的场地睡觉，任何嘈杂和突发的高频声音均会引起孔雀的恐慌。

知识链接

美丽的绿孔雀

绿孔雀属于鸟类中的"巨人"，它们的体长为1～2米，一般情况下，体重约为6千克。雌绿孔雀和雄绿孔雀的体羽大体上差不多，但是雌绿孔雀没有尾屏。绿孔雀的羽毛颜色鲜艳，能够起到保护色的作用。雄绿孔雀在开屏时，尾屏可达高1.5米、宽3米，看上去异常美丽，深受人们喜爱。绿孔雀行动起来就好像在跳舞一样。

41 蝴蝶美丽的翅膀有什么用

蝴蝶是运用色彩语言的高手，它们给美丽的大自然增添了勃勃生机。它们展开美丽的翅膀，如天使般在花丛中自由地飞翔。不论是谁，只要亲眼见过蝴蝶的美丽，就会深深爱上这种美丽的精灵。

美丽的蝴蝶大多以花蜜为生，也有些靠吸食腐食为生。蝴蝶虽然美丽，但是寿命极为短暂，一般只有一年的寿命。

蝴蝶的一生是从"卵"开始的。蝴蝶的卵的形状很多样，有的是球形的，有的是炮弹形，有的是甜瓜形的等等。卵是蝴蝶的第一个发育阶段；经过一段时间之后，毛毛虫就从卵里孵化出来了。它会先吃掉

美丽的蝴蝶

卵壳，再去吃植物，迅速长大。每隔一段时间，毛毛虫就要蜕皮一次，换上更宽松的表皮。一般来说，毛毛虫要蜕四次皮。幼虫是蝴蝶第二个发育阶段，这是蝴蝶的幼年时期。毛毛虫长到一定的程度，就会选择地点，进行吐丝，固定身体，蜕皮化成蛹。蛹是蝴蝶的第三个发育阶段。一般经过数天的蛹的状态，就能变成美丽的蝴蝶了。

蝴蝶之所以美丽，翅膀的功劳是很大的。蝴蝶的翅膀均长有细小的鳞片，这些鳞片中含有许多特殊的化学色素颗粒，这些五颜六色的色素颗粒组合到一起，便在蝴蝶的翅膀上形成了绚丽多彩的图案。此外，鳞片上还长有许多横向的脊纹，脊纹越多，蝴蝶翅膀上的图案形状也就越多，蝴蝶看起来也就更美丽。

蝴蝶的翅膀不光颜色绚丽多彩，而且左右结构是对称的，翅膀上的图纹与颜色也是左右对称的。这些图案还能起到蒙蔽敌人的作用，有时候即使静止不动，也能起到恐吓敌害的作用。因为它那眼花缭乱的色彩，让敌害猜不透是什么，不敢轻易下手。例如，许多蝴蝶的翅膀上都有类似于眼睛的斑点，这会使想吃它的鸟儿害怕而飞走。有分布在中美洲到巴西南部

知识链接 蝴蝶和飞蛾是同一种昆虫吗？

你见过蝴蝶和飞蛾吗？你能分别出来吗？它们是不是长得很像？虽然蝴蝶和飞蛾的外表很像，但实际上它们不是同一种昆虫。

它们在身体构造以及生活习性上都有很大不同。蝴蝶通常在白天飞行，而飞蛾喜欢在夜间飞行；蝴蝶的体形纤细，而飞蛾的体形丰满；蝴蝶的蛹是裸露的，而飞蛾的蛹有茧包裹着。另外，蝴蝶长着一对复眼，不用转头就能看到各个方向，而飞蛾却没有这种眼睛和这种本领。还有，蝴蝶的触角通常是棒槌状的，而飞蛾的触角形状多样。

地带的蝴蝶。翅膀上的亮红色是对潜在的敌人发出警告：我是有毒的，吃了我你会后悔。这个信号的传递，起着警戒的作用。

除此之外，蝴蝶翅膀上的图案还能作为同伴之间传递信息的信号，是名副其实的蝴蝶之间的语言。

知识链接　美丽的凤蝶

凤蝶是节肢动物门昆虫纲鳞翅目凤蝶科蝶类的总称。除了北极以外，其他地区都能见到它们美丽的身影。凤蝶颜色华丽，图案多样，底色多数有着闪光的黑色、蓝色和绿色，上面带有黄、橙、红、绿或蓝色的花纹。有些凤蝶甚至能够模仿其他蝴蝶的颜色或者图案花纹，进而达到保护自己的目的。

知识链接　最美丽的蝴蝶——光明女神蝶

光明女神蝶，在美国索斯比拍卖会上拍价达4.3万多美元，折合人民币约28万元。光明女神蝶是秘鲁国蝶，数量极少，十分珍贵，被誉为世界上最美丽的蝴蝶。其前翅两端的颜色由深蓝、湛蓝、浅蓝不断变化，整个翅面犹如蓝色的天空镶嵌一串亮丽的光环一般，呈"V"字形，预示着给人间带来光明。这种蝴蝶不仅体态婀娜、色彩绚丽，而且翅膀还会发光变色，双翅上的白色纹脉就像镶嵌上去的珠宝，光彩熠熠，为极品蝴蝶，说是"女神"丝毫不夸张。

42 鱼儿用颜色保护自己迷惑他人

鱼儿的色彩语言运用得也非常高超，它们通常穿着绚丽的外衣，这是为了适应不同的外界环境的结果，如一些热带鱼，外表都非常漂亮。这是因为热带海洋中有许多五颜六色的珊瑚礁和珊瑚树，为了躲避敌人的侵害，热带鱼就穿上花花绿绿的绚丽外衣。这样，一旦发现敌人，它们就可以隐蔽在珊瑚礁和珊瑚树中，和周围的环境融为一体，逃避被伤害的危险。

据观察发现，有的鱼不仅具有鲜艳夺目的色彩，身上还长有天然的斑纹或斑点。不同的鱼身上的条纹或斑块的颜色、形状都是不同的，即使同类鱼在体色、斑纹上也不会完全相同。

有的鱼身上的条纹或斑块颜色较深，面积较大，呈不规则形状排列；而有的鱼身上的条纹比较清晰，或者均匀地分布着斑块或斑点，看上去非常美丽。另外，鱼身上的条纹或斑块在色彩上也是五彩缤纷的，甚至像金属一样金光闪闪。鱼身上的这些条纹或斑可不只是为了好看，还有着很实用的作用，能够帮助鱼儿抵御敌害，隐藏自己。

鱼鳞是鱼的皮肤的一部分，能起到保护身体的作用。鱼鳞一般都很坚硬，就像披着一身金光闪闪的铠甲一样。鱼鳞可以帮助鱼抵抗疾病和细菌，防止它们受到水中微生物的侵害，还可以帮助它们躲过敌人的追捕。当鱼儿游动时，它们身上的鳞片可以反射和折射光线，从而扰乱敌人的视线，能够尽快逃脱。

鱼儿不仅能以绚丽的外表迷惑敌人，

色彩美丽的鱼儿

还能通过改变体色躲避危险。正因为生活在水中的鱼儿经常会受到敌害的攻击，为了更好地保护自己，鱼儿就会想办法进行自我保护，其中最有利的武器之一就是，鱼儿改变自身的体色。

研究发现，许多鱼都有自己的保护色，以便能够随时躲避危险。如背上长有三根长刺的刺背鱼，它的体色变化就十分有趣。在平时，这种鱼体呈青灰色，没有什么特别之处。但是在交配之前，雄鱼腹部会出现了红色，用以警告周

鱼的胡须有什么用？

有的鱼是长有胡须的，鱼的胡须是鱼类的触觉器官，有着十分重要的功能。据观察发现，大多数长有胡须的鱼，都是一些视力不佳或是生活在幽暗的深海里的鱼。对这些鱼来说，看清周围的环境，或是捕捉身体所需食物，或是发现敌人，仅仅靠眼睛来完成是远远不够的，还需要胡须的帮助。这些鱼的胡须就像是一台灵敏的探测仪，可以将接触到的信息很快地传递到脑部，然后根据外界刺激及时作出反应。

好斗的斗鱼

有一种鱼很有意思，叫"斗鱼"。顾名思义，斗鱼是非常好斗的，天生就是一个角斗士。如果把两条雄斗鱼放在一起，一见面，不由分说便会斗在一起，直到一方战死或是两败俱伤，否则绝对不肯罢休。

斗鱼的好斗性是极为惊人的。即使把一面镜子放到一条斗鱼的面前，它也会不顾一切地对着镜子中的影像发起猛烈的攻击，直到撞得头破血流，没有一丝力气再战斗为止。

不过，斗鱼的好斗只限于发生在同性之间，如果一条雄斗鱼与一条雌斗鱼相见，不但不会相斗，而且会很友好地相处。

围的雄鱼，赶快回避，这是我的领地。当它追求雌鱼的时候，还会披上绚丽的"婚装"，只见腹部泛红，背呈现蓝白色，看上去非常美丽。待到交配、产卵和鱼卵孵化后，雄鱼便再度穿上婚前的外衣：红色的腹部，青灰色的鱼体。

43 梅花鹿随着季节更换"衣裳"

花鹿的性情机警，行动敏捷，听觉、嗅觉均很发达，视觉稍弱，胆小易惊。

梅花鹿能很好地运用色彩语言。如果想知道季节的变化，看看梅花鹿穿的什么"衣裳"，就能知道个大概了。

梅花鹿的背脊两旁和体侧下缘，镶嵌着许多排列有序的白色斑点，状似梅花，在阳光下还会发出绚丽的光

梅花鹿

泽，因而得名"梅花鹿"。

有意思的是，梅花鹿的毛色会随着季节的改变而改变。夏天的时候，它们的体毛是栗红色或者棕黄色的，并且没有绒毛，在背脊的两旁和体侧下方分布着很多排列有序的白色斑点，形状就像梅花一样非常可爱。冬天的时候，梅花鹿的体毛呈现烟褐色，白斑也变得不明显了。梅花鹿之所以不断更换"衣裳"，是为了保护自己，不易被猛兽发现。

据观察发现，梅花鹿的生活区域也会随着季节的变化而改变。春季梅花鹿多在半阴坡，采食乔木和灌木的嫩枝叶和刚刚萌发的草本植物。夏秋季梅花鹿则会迁到阴坡的林缘地带，采食藤本和草本植物为食。冬季梅花鹿则喜欢在温暖的阳坡，采食成熟的果实、种子以及各种苔藓地衣类植物，

知识链接 胆小的梅花鹿

梅花鹿的胆子很小，偶尔因病或其他原因令个别鹿离群单独饲养，这只鹿就会表现出胆怯不安的神态，会在圈内不停地来回走动，甚至拒绝吃食和饮水。

知识链接 一种名贵的药材——鹿茸

鹿茸是一种人们熟知的中药药材，同时也是一种保健品，有着很好的滋补作用。

鹿茸是雄鹿的嫩角，鹿茸中含有磷脂、糖脂、胶脂、激素、脂肪酸、氨基酸、蛋白质及钙、磷、镁、钠等成分，其中氨基酸成分占总成分的一半以上。中国古书记载，服用鹿茸有"补精髓、壮肾阳、健筋骨"之功效。

梅花鹿全身是宝，鹿茸、鹿鞭、鹿血、鹿肉、鹿胎、鹿脂、鹿筋、鹿尾、鹿角、鹿骨、鹿皮等，均有药用价值，都是本草纲目上有记载的可供药用的名贵中药。因而，梅花鹿具有很高的经济价值。但是，因为历史上捕捉猎杀过度，野生数量极少，梅花鹿的前景堪忧，好在国家已经出台了一系列的保护措施。

有时也到山下采食一些农作物。

能根据季节"换装"的梅花鹿多为群居，少则十几头一群，多则几十头一群。梅花鹿的集群通常随着季节变化，在寒冷的冬季集群比较大。如今，人工圈养的情况比较多，但是梅花鹿的群居性仍然没有改变。在一个鹿群之中，都会有一只或者几只头鹿，头鹿的行为常会影响整个鹿群的行动。一旦遇到敌害，鹿群里的鹿都会按照头鹿或少数几只头鹿的躲避方向和路线奔跑。

梅花鹿主要生活在森林边缘和山地草原地区，因为这些地方有利于快速奔跑。而且，白天和夜间梅花鹿的栖息地也有着明显的差异。白天多选择在向阳的山坡，因为那里的茅草丛较为深密，并与其体色基本相似，能够很好地隐蔽自己。夜间则栖息于山坡的中部或中上部，坡向不定，但仍以向阳的山坡为多，栖息的地方茅草则相对低矮稀少，这样一有敌害，可以很容易发现，以便迅速逃离。

44 斑马穿着黑白相间的"条纹衫"

斑马是一种可爱的动物，喜欢栖息在草原地区，也能够很好地运用色彩语言。

斑马共有三种：山斑马、普通斑马和细纹斑马。这三种斑马主要是从它们身上的斑纹图式、耳朵形状及体型大小方面进行区分，虽然外观上有一定的差别，但是在生活习性方面却没有太大的差别。

穿"条纹衫"的斑马

非洲南部的山斑马，除腹部外，全身密布较宽的黑条纹，雄体喉部有垂肉。非洲东部、中部和南部的普通斑马，由腿至蹄有条纹或腿部无条纹。非洲东部的细纹斑马，体格最大，耳朵长而宽，全身条纹窄而密。

无论是哪一种斑马，都有一个最引人注目、最为相同的特点，那就它们都穿着黑白相间的"条纹衫"。正因为斑马的身上长了很多斑纹，因此得名"斑马"。

知识链接　**警惕性很强的斑马**

斑马是马类中长相最为漂亮的成员，也是动物园中深受观众喜爱的动物之一。野生的斑马主要生活在非洲大草原，以青草和嫩树枝叶为食。斑马善于奔跑，视觉好，听觉敏锐，进食时常常警惕地竖起耳朵，防止遭遇突然的袭击。斑马在觅食时，会由群体成员轮流担任警戒任务，一旦发现危险便会发出"警报"，其他斑马会立即停止进食，迅速逃跑。当遇到天敌的袭击和追杀时，它们常会成群踢起后蹄与天敌进行搏斗。但斑马的攻击能力和自卫能力都较差，再怎么努力，也常常成为天敌狮子、猎豹、野狗的美餐。

　　斑马为什么都穿着黑白相间的"条纹衫"呢？这种色彩能够传递出什么样的语言信号呢？斑马穿着黑白相间的"条纹衫"，完全是因为生存的需要。斑马的主要天敌是非洲一种叫舌蝇的小动物，如果斑马被它们叮上，只能病死！这种舌蝇有一个非常显著的特点，那就是看单纯的一种颜色会看得很清楚，看黑白相间的颜色则会头昏眼花。所以，斑马是在用黑白相间的"条纹衫"保护自己，不被舌蝇叮咬。

　　除此之外，在开阔的草原和沙漠地带，这种黑褐色与白色相间的条纹，在阳光或月光的照射下，反射的光线各不相同，能起着模糊或分散斑马体形轮廓的作用。斑马所在的地方，放眼望去，很难将斑马与周围的环境分辨开来，这样就可以减少斑马被发现的可能。

　　另外，斑马所穿的"条纹衫"，就像斑马的身份证。不同种类的斑马，

它们身上的斑纹千差万别，有的细密均匀，有的粗大稀少。斑马就是通过这些不同的斑纹来识别自己的同类的。

总是穿着条纹衫的斑马是群居性动物，常结成群结队地在一起，有时也跟其他动物群混合在一起。只有老年雄性斑马偶尔会单独行动。

斑马奔跑的速度非常快，每小时可达 64 千米。斑马需要经常喝水，因而很少在远离水源的地方定居。即使在食物短缺的时候，从外表看斑马也很肥壮，而且皮毛依然非常有光泽。

知识链接 斑马为什么会自己挖井找水？

水对斑马非常重要，所以斑马经常在离水不远的地方生活。在所有动物中，斑马找水的本领最为高明。斑马甚至会自己挖井找水喝。斑马能靠着自己的本领，找到干涸的河床或可能有水的地方，然后开始用蹄子挖土，有时甚至可以挖到 1 米多深，形成一口水井。有了水井，斑马就能美美地喝上水了。当然，其他一些小动物也跟着受益。

知识链接 斑马为什么喜欢和长颈鹿生活在一起？

人们发现一个现象，斑马总喜欢与长颈鹿生活在一起，这是为什么呢？斑马主要生活在广阔的大草原上，那里有很多凶猛的动物都是斑马的天敌。斑马的攻击能力和自我保护能力都非常差。而长颈鹿因为有长长的脖子能够看很远，一旦有敌人来临时，即使离得很远，长颈鹿也能及早发现并采取相应的保护措施。斑马们发现了长颈鹿的这一优势，就紧跟着长颈鹿，与长颈鹿形影不离。借用长颈鹿发出的危险信号，达到保护自己的目的。另外，长颈鹿和斑马都是食草动物，并且性情都很温和，长期生活在一起也不会发生冲突。

"豹纹"就像人类的指纹一样

豹的种类很多。猎豹跑得特别快，金钱豹分布极广，体型较小的云豹生活在热带、亚热带高山丛林，雪豹深居在海拔几千米高的雪山中。

迅猛的豹子，身上有着明显的"豹纹"。这就是它们的色彩语言。

据研究，世界上没有两只豹子身上的豹纹是相同的。不同种类的豹子，身上的豹纹也不一样。例如，金钱豹的豹纹好像古代的铜钱；美洲豹的斑点和金钱豹的较为类似，但中间斑块却多了一个黑点；云豹的豹纹好像一块块黑色的云朵；雪豹身上的豹纹则非常浅，呈现出灰白色。总之，世界上每一只豹子都有自己独特的斑点图案，就像人的指纹各不相同一样。因而，豹子身上的豹纹能传递出自身的很多语言信息。首先，不同的豹纹告诉人们豹子的品种是不同的。熟悉野生动物的人，可能一看豹子身上的豹纹，就能很快说出这是哪种豹子。这就是豹纹的语言传递的结果。

豹子身上的豹纹，对于豹子来说，有什么特别的作用吗？

其实，豹子身上的豹纹是它们的天然伪装。当豹子在阳光下躺着的时候，阳光透过树叶洒在豹子金色的皮毛上，它们身上的豹纹就会与周围的环境浑然一体，形成一种很逼真的伪装，很难被别的动物发现。

当豹子捕捉猎物埋伏在树林中时，它们身上的豹纹又会和树荫、树叶混为一体，利用这些树叶作为伪装，豹子就能完全融入周围的环境，不被猎物们发现，

迅猛的豹子

迅速捕获猎物了。

每天清晨或黄昏，豹子都会出来寻找猎物。当它们遇到猎物，如果体力充足，就会采取速战速决的战术，高速追击，将猎物快速击倒，咬破喉管。

如果体力不足，就会小心翼翼地埋伏起来，然后悄悄爬近猎物，再猛然追击。

如果遇到大羚羊、斑马等大的猎物，众豹子就会协同作战，一起将猎物逼上绝境。

豹子的捕食速度很快，一分钟甚至能跑 1800 米，虽然它们捕猎时速度很快，但是由于它们的心脏很小，所以只能保持很短时间的快速奔跑。

知识链接　跑得最快的猎豹

动物学家的研究和测定发现，在动物王国里，跑得最快的就是猎豹了。生活在非洲大草原上的猎豹，长距离奔跑的时速是 60～70 千米，而短距离的时速可达 110 千米，这是非常惊人的。

猎豹之所以跑得那么快，是它们适应生存的结果。在非洲大草原上，猎豹的食物是羚羊、斑马等食草动物，这些动物都是善于快跑的动物。如果猎豹想捕获它们，就必须跑得更快。于是，猎豹的身体结构进化成现在适合奔跑的体形。它们的身形前高后低，腰身细长，四肢发达，爪子下还有厚厚的肉垫，很适合快速奔跑。再加上，猎豹的脊柱非常柔软，在奔跑的时候，可以将它们的身体不断弹向前方。另外，猎豹的肺活量很大，使它们在奔跑的过程中，能够得到足够的氧气。猎豹的尾巴就像一只舵，能起到平衡的作用，保证猎豹在快速奔跑时不会跌倒。

知识链接　数量稀少的雪豹

　　雪豹因终年生活在雪线附近和皮毛雪白而得名，又名草豹、艾叶豹。雪豹是一种美丽的夜行性动物，它全身都是灰白色的，体表布满了黑色的斑点和黑环。体毛柔软而且长密，底绒丰厚；尾巴粗大，毛蓬松。

　　雪豹喜欢在清晨和黄昏的时候出来活动，白天偶尔也出来活动。由于雪豹出行具有固定的路线，从足迹上看，它喜欢走溪谷和山崎等地方，不喜欢走空旷的山坡和松软的雪层，而且它们经常沿着踩出的小径反复行走。

　　正是由于雪豹的活动路线比较固定，捕猎者摸准了这一规律，极容易捕获雪豹。再加上豹皮和豹骨的价格都非常昂贵，使雪豹不断遭到捕杀，数量大量地减少。如今，数量稀少的雪豹已被列入《国际濒危野生动物》红皮书。

知识链接　爬树能手——云豹

　　云豹的身上长着像云彩一样的黑色或者灰色斑点，因而得名。一般来说，云豹是以树为家的爬树能手，经常在树之间跳跃。它们可以肚皮朝上，倒挂着在树枝间进行移动，也能以后腿钩住树枝在林间荡来荡去。它们的特殊本事得益于千百万年来的进化，云豹虽然个头都很大，但是四肢粗而短，头部有点圆，口鼻突出，长着一条和身体长度差不多的尾巴，弯曲的腿和长长的利爪使它们很适合爬树。四肢粗短，使得重心降低；长长的利爪能帮助它们在树间跳跃时牢牢地抓住树枝；它们那条又长又粗的尾巴能起到很好的平衡作用；它们的后腿脚关节非常柔韧，能极大增加脚的旋转幅度。正因为如此，云豹们才能漂亮地完成那些树上高难度的动作。

所以，聪明的豹子出击前非常小心，常常是悄悄接近猎物，以求一击即中。如果被对方早早发觉了，有所预备的话，或者追赶的时间长了，豹子的胜算不是很大的。

人们经常拿豹子和狮子、老虎进行比较。从外观上看，豹子的体形似虎，但比虎小，毛色鲜艳，线条优美。

豹子既会游泳又会爬树，身材矫健，力量强大，动作灵活，生性凶猛，奔跑速度快，是力量和威严的象征。而且豹子性情机敏，嗅觉、听觉、视觉都很好，智力超常，隐蔽性强，这些是狮子、老虎都办不到的。

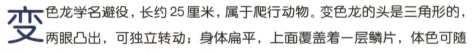

"色彩"是变色龙的传话筒

变色龙学名避役，长约25厘米，属于爬行动物。变色龙的头是三角形的，两眼凸出，可独立转动；身体扁平，上面覆盖着一层鳞片，体色可随外界的变化而发生改变；尾巴常呈螺旋状，经常缠绕于树上。

变色龙可是色彩语言运用的高手，它的最大的特点就是善于变色，在动物界中堪称自我保护的行家。在世世代代的进化过程中，变色龙逐渐练就了使自身颜色与周围自然环境融为一体的伪装术。

变色龙的变色能力是非常强的，一夜之间可以变换六种颜色，只要周围的光线、温度或者湿度发生了变化，它身上的颜色也就会随着发生改变。

变色龙的变色现象与其他动物的保护

变色龙

色、警戒色相似。变色龙的皮肤颜色不仅会随着外界环境的变化而改变，还会随着自己的心情的变化而改变。变色龙变色，在一定程度上是在向外传递一定的信息。雄性变色龙会将暗黑的保护色变成明亮的颜色，用以警告其他变色龙赶紧离开自己的领地；有些变色龙还会将平静时的绿色身体变成耀眼的红色，用以威吓敌人。

知识链接　变色龙为什么能变色？

变色龙之所以能变色，完全取决于皮肤三层色素细胞。变色龙皮肤表层内的色素细胞内充满着不同颜色的色素：最深的一层是由载黑素细胞构成，其中细胞带有的黑色素可与上一层细胞相互交融；中间层是由鸟嘌呤细胞构成，它主要调控暗蓝色素；最外层细胞则主要是黄色素和红色素。这些色素细胞在神经的刺激下会使色素在各层之间交融变换，实现变色龙身体颜色的多种变化。

变色龙变色，能躲避天敌，能传情达意，类似人类的语言交流。《美国国家地理》杂志撰文指出，动物专家最新发现，变色龙变色不仅仅是为了伪装自己，躲避敌害，变色的另一个重要作用是能够实现变色龙之间的信息传递，与同伴沟通，这和人类用语言进行沟通是一样的。

动物学家研究已经证实，变色龙之间的信息传递和情感表达的确可以通过变换体色来完成，变色龙会在捍卫自己领地和拒绝求偶者时，表现出不同的体色。比如，为了显示自己对领地的统治权，雄性变色龙会向侵犯领地的同类示威，示威时候的体色也相应地呈现出明亮色；当遇到自己不中意的求偶者时，雌性变色龙自然会拒绝，体色就会变得暗淡，而且会出现闪动的红色斑点；另外，当变色龙想要挑起事端、发起进攻的时候，体色会变得很暗很暗，看上去让人不寒而栗。

动物语言的问题

知识链接 变色龙的舌头超级长

变色龙长有一条超级长的舌头，伸出来长度是自己身体的两倍，是动物界的长舌冠军。它们的舌头虽然很长，但是非常灵活。舌尖上有腺体，能够分泌大量黏液粘住昆虫。平时不用时，它们的舌头就蜷缩在口中，当发现猎

物时，舌头会迅速充血，舌肌收缩，舌头闪电般地喷射出去，粘住猎物，然后再送回口中，饱餐一顿。变色龙用长舌捕食是"闪电式"的，只需1/25秒便可以完成一次捕食。

第四章

有些动物用"气味"互通信息

47 为什么昆虫能够分辨气味

昆虫是地球上数量最多的动物群体，它们的踪迹几乎遍布世界的各个角落。目前，人类已知的昆虫约有100万种，但仍有进一步发现的可能。

在生物圈中，昆虫扮演着很重要的角色。虫媒花需要得到昆虫的帮助，才能传播花粉。而在东南亚和南美的一些地方，昆虫本身就是当地人的食品。

多数昆虫是靠着气味语言进行交流的，它们之所以能够运用气味语言，主要是依靠它们的触角。多数昆虫在两只复眼的中上方都有一对触角，触角是昆虫的主要感觉器官，它可以帮助昆虫探明前方是否有障碍物，寻找食物和配偶。有些昆虫也经常用触角与同伴交流信息。

触角是昆虫身体上不可或缺的一部分，如果昆虫没有了触角，便失去了判断力，也就没有了触觉感受。

我们都知道，昆虫的嗅觉非常灵敏，其实，昆虫是没有鼻子的，完全要靠它们头上的触角辨别气味。原来，昆虫的触角上布满了形形色色的嗅觉器，而且数量众多。显微镜下，蜜蜂的一根触角上就有4000～30000个嗅觉器。正是这些嗅觉器发挥着鼻子的作用，而且极为灵敏。

行军蚁的迁徙

每个嗅觉器内都分布着很多神经末梢，直接与昆虫的脑神经相连。当嗅觉器闻到气味后，气味信息就会立即传送到大脑中，然后，在大脑的指挥下，昆虫做出相应的行动。

除了昆虫触角上长有嗅觉器外，昆虫的下唇须和下颚须上也长有嗅觉器，因而也能分辨气味。总之，昆虫之所以能够进行气味语言交流，头上

昆虫用气门呼吸

生物都必须依靠呼吸来维持生命，当然，昆虫也不例外。不过，昆虫的呼吸方式非常特别，它们是利用气门导管来呼吸的。在昆虫的胸部和腹部两侧各有一行排列整齐的圆形小孔，称为"气门"，每一个气门都是一个导管的入口，这个导管就相当于人的气管。

据研究发现，每只昆虫的肚子里都有数百根这样的导管，昆虫正是利用这些导管来导入空气的，通过这些导管内的空气来维持生命。即使昆虫在休息，也可以通过肌肉的运动来控制这些导管的收缩，便于氧气进入体内，维持昆虫的正常的生理需求。

昆虫为什么要蜕皮？

昆虫的幼虫要经历多次蜕变，才能成长为成虫。昆虫之所以蜕皮，完全是为了满足自身生长的需要。

因为昆虫的幼虫在生长过程中身躯会逐渐变大，它们表面的外骨骼和皮肤会被逐渐变大的躯体胀破。慢慢地，幼虫开始蜕掉"外套"。同时，表皮细胞也会重新分泌外骨骼成分，昆虫的身体在新的外骨骼完全硬化之前进行生长发育，所以很多昆虫摸上去都是软软的。当昆虫发育到不再继续长大时，蜕皮行为也就停止了。

123

很多昆虫会装死

知识链接

有时候，当人们去抓某个昆虫的时候，这个昆虫会突然跌落在地，四脚朝天，一动不动，大多数人认为昆虫已经"死了"；有的昆虫被抓的时候还活得好好的，回家之后一看，昆虫已经"死了"。其实，这时的昆虫看上去死了，并不一定是真的死了，有可能它是在装死！

昆虫装死，是一种自我保护措施。当一些昆虫遇到外部危险时，就会本能地去装死。装死的时候，它们身上的肌肉就会自然而然地收缩，一动不动，看上去就像"死了"一样。动物学家将其称为"假死性"。当四周都静下来之后，它们就会"复活"过来。

的触角功劳很大。

科学家经过研究发现，昆虫的气味语言，主要分为以下几种类型：

繁殖期近了，雌性或者雄性昆虫就会释放出一种"气味语言"，召唤同类的异性同伴前来交配；

当蚂蚁或者蜜蜂等昆虫发现食物的时候，就会用气味语言通知同伴们集合，或者招引同伴前来享受；

当昆虫受到攻击的时候，也常常会用气味语言发出求救的信号；

当遇到危险的情况时，有些昆虫便会用气味语言发出警戒信号或者提醒同伴逃跑。

当然，昆虫的气味语言远远不止这些，其余的还有待于人们去观察研究。

48 蚂蚁用气味语言认路

我们经常会看到成群的蚂蚁都是按固定的路线回家。蚂蚁是靠什么回家的呢？研究发现，蚂蚁就是运用气味语言认路的。

蚂蚁走路时，总是用头上的一对触角来探路，蚂蚁的触角就像盲人手中的拐杖一样。蚂蚁的触角有两种功能：一种是触觉作用，通过触角探明前面物体的形状、大小和硬度，以及前进道路的地形状况等。另一种是嗅觉作用，当蚂蚁走路时，从腹部末端和腿上的腺体里，会不断分泌出少量的、带有特殊气味的物质，这些气味会在路上留下痕迹。蚂蚁回家的时候，就是用它的触角，闻着自己曾经留下的气味往家走的。

研究还发现，即使蚂蚁留下的气

蚂蚁走路

知识链接 蚂蚁掉了脑袋还能"活"

在蚂蚁的世界，一般有蚁后、雄蚁和工蚁三级。蚂蚁的寿命都是很长的。工蚁可以活3~7年，蚁后则可存活十几年或几十年。

蚂蚁不仅活得时间比较长久，生命力也极为顽强。当蚂蚁遭受意外的时候，如果脑袋被弄掉了，甚至还能"活"。这让很多人惊叹不已，这是为什么呢？

原来，蚂蚁与脊椎动物不同，没有以脊椎形成的一套中枢神经系统。它们长有神经节，连接身体下面成对的神经链。每个神经节控制某个相应的活动状态，基本上都是单独发挥作用。因此，蚂蚁即使掉了脑袋，还能行走一段时间，"活"一段时间。

味被人为地破坏了，蚂蚁也能顺利回家。有人曾在蚂蚁走过的地方用手指横画一条线，破坏连续的气味，发现回家的蚂蚁只是发生短时间的迷乱，过后还是能顺利地回家。有的蚂蚁虽然不会在爬过的路面上留下什么特殊的气味，但是它们对于往返道路上的天然气味也是很敏感的，所以也不会迷路。

即使在浓云密布的天气里，地面上的气味被严重破坏的时候，只要还保留一些可以利用的线索，蚂蚁们仍能找到回家的路，只不过要多走些弯路罢了。

昆虫的嗅觉很灵敏，能够嗅到距离百米之外的同类的气味。蚂蚁不仅可以凭借着气味回家，还可以凭借气味寻找同类。

蚂蚁过的是群体生活，在天气晴暖的时候，常常会爬出蚁巢，到处寻找食物。有的蚂蚁，一旦遇到一条死虫或者一小块肉，如果不能独自搬回去时，就会很快奔回蚁巢，叫上同伴前来共同搬运，这时的蚂蚁就会排列

知识链接　蚂蚁：动物界的大力士

如果你看见过蚂蚁搬东西，你一定感到惊叹。别看蚂蚁个头小，可是动物界有名的"大力士"呢！它能搬动比它自身大很多很多倍的大青虫。

科学研究发现，蚂蚁甚至能将比其自身重50多倍的东西搬走，所以，说蚂蚁是动物界的大力士，一点也没有夸张。

蚂蚁力量这么强，在于蚂蚁的腿部肌肉就像一台高效的肌肉发动机组，这台发动机的动力来自一种结构复杂的化学物质。当蚂蚁活动的时候，它腿部的肌肉就会产生一种酸性物质，这种酸性物质会刺激化学物质急剧变化，促使肌肉收缩起来，然后产生巨大的力量，就这样，蚂蚁能搬动比自己重几十倍的东西了。

知识链接　下雨前，蚂蚁搬家

　　人们观察发现，每到下雨前，蚂蚁就会搬家。蚂蚁通常会把蚁巢建在地下石头和土壤的结合处。一下雨，雨水就会把蚁巢冲坏，所以蚂蚁得提前把蚁巢搬到高处更为安全的地方，很多蚂蚁会在下雨前把家搬到树上。

　　蚂蚁能够通过一些细小的变化感知雨水的到来，所以总是能在下雨之前把家搬好。另外，蚂蚁对蚁巢湿度的要求非常高，它们不喜欢太湿的生活环境，所以，下雨之前，它会忙忙碌碌地搬家。

成长长的队伍，从蚁巢一直延伸到发现食物的地方。

　　蚂蚁排队搬东西，靠的就是气味语言。因为蚂蚁在走路时释放出来的气味，只有同伴才能闻到，所以，蚂蚁出去搬东西，后面的蚂蚁只要跟着前面的蚂蚁留下来的气味行进就可以顺利地将食物搬回家了。

　　另外，蚂蚁还会根据气味为死去的蚂蚁举行"葬礼"。观察发现，如果一只蚂蚁死在蚁窝里，那么同窝的几只蚂蚁一定会把它拖出窝外，拖一段路后，把死蚂蚁的尸体埋起来。蚂蚁们这样做，是因为蚂蚁的尸体分解时会产生"尸臭"，这种气味会造成蚂蚁之间靠气味联络的信号失去作用。

　　因此，工蚁们一闻到"尸臭"味就会立即将尸体抬到窝外，用土掩埋起来。如果一只活蚂蚁身上沾染了浓厚的"尸臭"，同伴们不管这只活蚂蚁怎样拼命挣扎，也会把它拖出去活埋，这样做的目的就是不让这种气味影响它们依靠气味进行联络的作用。

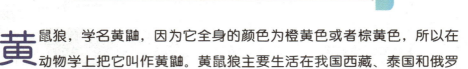

49　放臭屁是黄鼠狼的护身符

黄鼠狼，学名黄鼬，因为它全身的颜色为橙黄色或者棕黄色，所以在动物学上把它叫作黄鼬。黄鼠狼主要生活在我国西藏、泰国和俄罗斯的西伯利亚等地方。中国很多地方都会见到它们。

黄鼠狼是一种小型肉食动物，主要吃啮齿类动物，有时候也吃一些小型哺乳动物。黄鼠狼的毛皮特别适合制作油画或者水彩画的画笔。

黄鼠狼能够很好地运用气味语言。黄鼠狼和很多鼬科动物一样身上长有臭腺，具有臭腺是鼬科动物的一个特点。

例如，黄鼠狼遇到袭击时，会竖起尾巴射出臭液，这种臭液不但奇臭无比，而且具有麻痹作用。这种臭气很像臭鸡蛋味，臭得难闻。许多动物体内有臭腺，如放屁虫肛门附近，椿象和臭虫后足基部附近，而黄鼠狼臭腺就在肛门附近。每当遇到敌害时，就能放出怪异的臭味，进行御敌自卫。一旦人们闻到黄鼠狼放出的臭屁，基本可以判定黄鼠狼遇到危险了。

黄鼠狼放臭屁的自保方式，一般会在紧急时刻、穷途末路时使出。危险面前，黄鼠狼就会选择放臭屁，趁对方胆怯的空隙迅速逃离。假如追敌被黄鼠狼的臭屁击中头部的话，就会引起中毒，轻者感到头晕目眩、恶心呕吐，严重的还会倒地昏迷不醒。由此可见，放臭屁正是黄鼠狼重要的护

黄鼠狼

身法宝。

　　因为黄鼠狼爱放臭屁，还常做些鸡鸣狗盗之事，常被人们认为是害兽。其实黄鼠狼也并非一无是处。据统计，一只黄鼠狼一年能消灭三四百只老鼠。它们咬住老鼠几口就能吃掉。如果它们寻找到鼠窝，会掘开鼠洞，把老鼠整窝消灭。所以，黄鼠狼虽然有不受人们欢迎的地方，但是也有它们的可爱之处。

　　黄鼠狼是蛇的天敌，一年它们会吃

知识链接　为黄鼠狼平反

　　说起黄鼠狼，几乎家喻户晓。人们很自然就想起黄鼠狼偷吃鸡的恶行。俗话说"黄鼠狼给鸡拜年——没安好心"，千百年来，"黄鼠狼"和"偷鸡"总是联系在一起的。其实，这样的说法对黄鼠狼是不公平的。动物学家通过上百次的研究证明，黄鼠狼不是在特别饿的时候，是不会进入农家偷鸡吃的。

知识链接　刺猬很怕黄鼠狼

　　很多动物都怕刺猬，刺猬穿着一身带刺的"盔甲"。只要刺猬拉扯肌肉和皮肤，它的刺就会竖立起来，如果有必要的话，刺猬还会把身体上没有刺的腹、尾、腿和尾部收缩起来，让自己变成一个刺球，让想吃掉它的动物奈何不得。刺猬遇敌时，就是依靠刺来自卫的，因而很多动物都害怕刺猬，但是黄鼠狼却不怕，反而刺猬非常害怕黄鼠狼。

　　黄鼠狼遇到蜷成一团的刺猬时就会对着它放臭屁，刺猬就会被熏得晕倒在地，紧缩的四肢也放松下来，露出了柔软的腹部。这样，黄鼠狼就可以从刺猬的腹部下口，把刺猬吃掉了。

掉很多条蛇，即使遇到毒蛇，它们也不惧怕，会一口将蛇咬死，然后全部吃掉。另外，黄鼠狼还吃刺猬、小杂鱼、蛙类、蜗牛、蚯蚓等，它的食物是非常丰富的。

50 赤狐是利用气味语言的高手

狐 和狸是两种不同的动物。只不过由于它们的外形很相似，又具有一些相同的生活习性，因此人们经常将它们混为一谈罢了。

如果我们仔细观察就会发现，它们有很多不同之处。从外形上看，狐长得像狗，耳朵很尖，长有浓密的毛，还有一条厚密的长尾巴；狸长得比狐要胖一些，嘴略圆，脸上两颊还横生着长长的毛，它的皮毛多为棕灰色，蓬松的尾巴是它的特征之一。

我们平时所说的狐狸就是指狐，又叫赤狐。赤狐对气味敏感，是利用气味语言的高手。

赤狐身体背部的毛色是多种多样的，但典型的毛色是赤褐色，不过也稍有差异，赤色毛较多的，一般被称为火狐，灰黄色毛较多的，一般被称为草狐。赤狐的头部一般为灰棕色，耳朵的背面为黑色或黑棕色，唇部、下颏至前胸部为暗白色，体侧略带黄色，腹部为白色或黄色，四肢的颜色要比背部略深一些，有一条长长的大尾巴，尾毛蓬松，尾尖为白色。

赤狐的肛部两侧各生有一个

赤狐是利用气味语言的高手。

腺囊，能释放出奇特的臭味。赤狐是很聪明的，如果猎人在设置陷阱的时候，恰好被赤狐看到了，它就会悄悄地跟在猎人的后面，在每一个陷阱的周围都故意留下一股臭味，这种臭味是一种特殊的警报，其他的同伴闻到这种臭味后，就知道是猎人在此设下了陷阱，就不会贸然掉进陷阱被抓获了。从中我们可以看出来，赤狐的确是利用气味语言的高手，能够用臭味进行报警，来提醒同伴。

根据观察还发现，赤狐还可以用这种气味来标记自己的领地，还可以通过其他赤狐留下来的气味识别对方的性别、地位等级和确定的位置。同时，赤狐还能通过这种气味进行逃生。当它被猎狗追得无法逃脱时，便施放一股臭气熏天的"狐臭"，这种气味就像化学炸弹一样，会使猎狗透不过气来，狐狸借此机会逃之夭夭。

知识链接　狐狸的生活习性

狐狸的外形跟狗很像，但四肢较短，嘴巴很尖，尾巴很长。在野外行走时，它们会留下一条呈直线形的足迹，也跟狗是不同的。

狐狸的适应能力很强，无论是在森林、草原、荒漠、高山、丘陵还是平原，它都可以生存。在众多的食肉动物中，狐狸是个弱小者，狮子、老虎、豹子等都是它的天敌。不过狐狸很聪明，经常使出各种各样的小计谋，躲避天敌的追击。

人们发现，狐狸还有一个奇怪的行为。比如一个鸡舍有十只鸡，一只狐狸跳进鸡舍内，会把十只鸡全部咬死，但是最后它只能叼走其中的一只。人们还发现，狐狸常常在风雨交加的夜晚，闯入黑头鸥的栖息地，把数十只黑头鸥全部杀死，但是它却一只不吃，一只不带，空"手"而归。它的这种行为叫作"杀过"，真是太奇怪了！

51 大熊猫之间的气味语言交流

大熊猫的数量十分稀少，属于国家一级保护动物，也是世界上最珍贵的动物之一，是深得人们喜爱的珍奇动物。它们憨态可掬，黑白分明，十分讨人喜欢，而且经过训练，它们还会骑自行车、吃西餐、投篮球等，又聪明又可爱。

大熊猫

大熊猫能够通过气味语言进行交流。研究发现，雌雄大熊猫的交流都是通过留在栖息地的气味标记来实现的。当它们想见面的时候，特别是在发情季节，就会通过气味标记找到彼此。它们见面之后，才会转为声音交流。大熊猫依靠它们丰富的"语言"来表达从多情到生气的情绪。

用气味语言来标记领土，是大熊猫在竹林里保持和平的秘诀。在平时，大熊猫就会将肛周腺体的分泌物涂在柱子、树桩、墙上、地上以及它们经常经过的任何地方。这些气味标记能让大熊猫之间互相回避或聚到一起。在非发情季节，有些大熊猫一闻到陌生大熊猫的气味，就会立即走开。在发情季节，一只雌性大熊猫散发出来的气味就表示它已经做好交配的准备了，希望用这种气味吸引雄性大熊猫前来交配。

观察发现，大熊猫经常用尿液或尿液和肛周腺分泌物的混合气味来做标记。当它们做标记的时候，通常会晃动头部，半张嘴巴。做了标记以后，它们还会在做标记的地方剥掉树皮，或留下抓痕，让其他熊猫能够注意到。

能用气味交流的大熊猫性情非常温顺，一般不主动攻击人或其他动物。

大熊猫濒危的原因

　　大熊猫与许多动物的生存状况一样十分可悲，处在灭绝的边缘。原因无非是人类活动范围扩大，使其退缩于山顶，呈孤岛化分布。另外，大熊猫以竹笋、嫩叶和箭竹为生。可是，竹子会定期开花，随即枯死，而且新的竹林从种子发芽开始需经过二三十年才能长成，这就导致大熊猫严重缺乏食物。再加上大熊猫繁殖困难，据科学统计，有78%的雌性大熊猫不孕，有90%的雄性大熊猫不育，这更给大熊猫的种群发展壮大带来了很多困难。

　　长此以往，大熊猫面临绝种的危险，我国把大熊猫视为"国宝"重点保护，并建立了四川卧龙自然保护区，对大熊猫进行特殊与精心的照顾、保护、研究。

大熊猫的吃和住

　　大熊猫没有固定的居住地点，常常随季节的变化而搬家。春天一般待在高山竹林里，夏天迁到竹枝鲜嫩的阴坡处，秋天搬到温暖的向阳山坡上，准备度过漫长的冬天。

　　大熊猫的祖先是食肉动物，现在却偏爱吃素，主要以吃箭竹为生。一只成年的大熊猫每天要吃20千克左右的鲜竹。有时，它也会开一次"斋"，捕抓箭竹林里的竹鼠美餐一顿，甚至大摇大摆闯入居民住宅，偷吃食物。

知识链接

小熊猫与大熊猫是同一类吗？

小熊猫和大熊猫只差一个字，却是完全不同的两种动物，甚至没有一点沾亲带故的关系。大熊猫属于熊猫科动物，而小熊猫属于浣熊科动物，又叫"红猫熊"、"九节狼"等，是一种濒危的哺乳类动物。

小熊猫体型肥胖，比狗小一些，却比猫大。小熊猫的四肢为棕黑色，全身是红褐色的，有长长的蓬松的体毛；小熊猫圆圆的脸上，长着白色的斑纹。虽然小熊猫动作缓慢，看上去很笨拙，但是它们的攀爬技术很高，能顺利地爬到树顶上，甚至还能爬到细树枝间，悠然自得地在上面打瞌睡。

当大熊猫听到异常响声时，常常会立即逃避。大熊猫的视觉极不发达。这是由于大熊猫长期生活在密密的竹林中，那里光线很暗，障碍物又多，致使其目光变得十分短浅。

但是这并不影响大熊猫的珍贵与可爱。大熊猫被动物学家称为"活化石"，与它同一时期的动物如剑齿虎等早已灭绝并成为化石，唯有大熊猫因隐退山谷而遗存下来，是世界上最珍贵的动物之一。大熊猫主要分布在我国的四川、甘肃、陕西的个别崇山峻岭地区，数量十分稀少，属于国家一类保护动物。

52 臭虫发出臭烘烘的"芳香"质

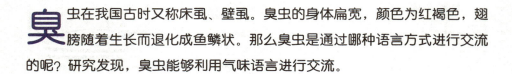

臭虫在我国古时又称床虱、壁虱。臭虫的身体扁宽，颜色为红褐色，翅膀随着生长而退化成鱼鳞状。那么臭虫是通过哪种语言方式进行交流的呢？研究发现，臭虫能够利用气味语言进行交流。

臭虫

世界上已发现的臭虫约有七十多种，它们生活环境广泛，对环境的敏感性较差。它们经常群居，由于怕光，所以经常在夜间活动，主要栖息在房子中各种饰物的缝隙和墙纸后面。

臭虫的食物的主要来源是人血以及其他动物的血液。不论是幼虫还是雌雄成虫，它们都在晚上悄悄地爬出来，凭借刺吸式的口器吸人血；在找不到人血的时候，也吸食家兔、白鼠和鸡的血。臭虫吸血很快，5～10分钟就能吸饱。

人被臭虫叮咬后，常会皮肤发痒，过敏的人被臭虫叮咬后，会有明显的刺激反应，伤口常常会出现红肿、奇痒等现象，如搔破后往往引起细菌感染。因此，臭虫臭名极为可恶，人见人打。

臭虫之所以能够利用气味语言，是因为它长着一对臭腺，可以分泌一种非常臭的液体，使它臭名远扬。臭虫走过的地方，都会留下十分难闻的臭气。这种极臭的液体有划分领地、吸引交配和抵抗天敌的作用。

苏联科学家曾用臭虫做实验。如果稍微压一下臭虫，它就会散发出臭烘烘的"芳香"质，虽然剂量不大，但足以使周围的臭虫不再爬向它所在的地方；如果压得再重一点，发出臭烘烘的"芳香"

知识链接　**臭虫的繁殖**

臭虫的性交配被称为"创伤式授精"，这也就是说，在交配的时候，雄性臭虫并不会顾及雌性臭虫的感受，甚至会对雌性臭虫的身体造成伤害。每当交配的时候，雄性臭虫会用自己像剑一样的生殖器官刺穿雌性臭虫的身体的任何部位，实现授精。通常情况下，在黎明到来之前的一个小时，臭虫是最为活跃的，处于雄性臭虫性攻击高峰期。

动物语言的问题

质的浓度便增大，这种情况就是在表示"我受不了啦，我要死啦"。这时，附近的臭虫们就会屏息静伏，害怕自己也有这样的遭遇。

知识链接

"臭大姐"是怎么放臭屁的？

有一种虫子，名字叫"臭大姐"，它的学名叫椿象，人们也称它为"放屁虫"。"臭大姐"放臭屁，是为了自卫和抵御敌人的侵害。"臭大姐"是怎么放臭屁的呢？一定要清楚，"臭大姐"的臭屁可不是从它们的肛门放出来的。在"臭大姐"的身上有一种特殊的臭腺，这种臭腺的开口位于"臭大姐"的胸部。每当"臭大姐"遇到惊吓时，其体内的臭腺就会分泌出一种挥发性的臭虫酸，这种物质带有刺鼻的臭味，在空气中传播得很快。来犯的敌人一闻到这种臭味，往往就会停止继续进犯，"臭大姐"也就能借此赶紧逃离。

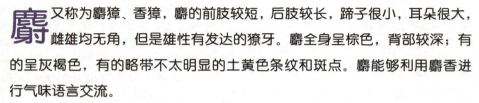

麝香是麝的求偶气味语言

麝 又称为麝獐、香獐，麝的前肢较短，后肢较长，蹄子很小，耳朵很大，雌雄均无角，但是雄性有发达的獠牙。麝全身呈棕色，背部较深；有的呈灰褐色，有的略带不太明显的土黄色条纹和斑点。麝能够利用麝香进行气味语言交流。

大家都知道麝香是一种高级的香料，麝香就是由麝产生的。在雄麝的脐下长着一个非常奇特的腺囊，这个腺囊能够分泌出一种具有浓烈香味的液体。这种液体不仅芳香异常，更为神奇的是，能够长时间保持香味不散，哪怕远在几千米外都能够闻到。这种液体干燥后形成的香料即为麝香，是一种十分名贵的药材，也是极名贵的香料。

麝为什么会分泌麝香呢？其实，它的这种行为是一种气味语言。实际上，麝分泌麝香是一种求偶方式。大多数时间里，雄麝和雌麝都是分开居住的。每到初冬时节，雄麝就会分泌出大量的麝香，以吸引雌麝的注意。雌麝闻到雄麝的香味之后，就会寻香而至，与雄麝进行交配，繁殖下一代。

麝能够利用麝香进行气味语言交流。

另外，麝还常用分泌出的芳香液体标记领地。经过观察发现，雄麝会利用发达的尾腺将分泌物涂抹在树桩、岩石上，用以标记领域。

知识链接 麝的种类

在我国不同领域分布着不同种类的麝。林麝数量多，长江流域及以南各省区均有分布；原麝分布于东北、华北；马麝见于青藏高原及邻近各省。原麝和马麝体形较大，浅褐色，只有原麝全身有白斑点。黑麝仅限于我国西南部的云南和西藏的部分地区。喜马拉雅麝的毛色比马麝和林麝深，背部及体侧棕褐色，臀部为鲜艳的黄白色，与其他麝类不同。

知识链接 — 名贵的中药——麝香

麝香为名贵的中药，《神农本草经》中列为上品。如果在室内放一点点麝香，就会使满屋清香，气味迥异。麝香不仅芳香宜人，而且香味持久。麝香在中国使用，已有悠久历史。唐代诗人杜甫在《丁香》诗中有"晚堕兰麝中"的句子。

知识链接 — 配制高级香精的原料——麝香

麝香是配制高级香精的重要原料。古代文人、诗人、画家都在上等颜料中加少许麝香，制成"麝墨"写字、作画，芳香清幽，深得人们喜爱。若将字画封好，可长期保存，还有防蛀的作用。

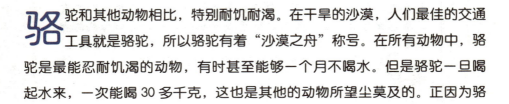

54 骆驼靠嗅觉在沙漠中找到水源

骆驼和其他动物相比，特别耐饥耐渴。在干旱的沙漠，人们最佳的交通工具就是骆驼，所以骆驼有着"沙漠之舟"称号。在所有动物中，骆驼是最能忍耐饥渴的动物，有时甚至能够一个月不喝水。但是骆驼一旦喝起水来，一次能喝30多千克，这也是其他的动物所望尘莫及的。正因为骆

骆驼比其他动物相比耐饥耐渴，所以骆驼有着"沙漠之舟"的称号。

驼有这么多独特的本领，才让它成为名副其实的"沙漠之舟"。

在沙漠之中，如果离开了骆驼的帮助，将是一件非常可怕的事情。骆驼为什么能适应沙漠里那么恶劣的环境？这可能是很多人的疑惑。

其实，骆驼之所以耐饥耐渴，最主要的原因是骆驼的驼峰里贮存着很多的脂肪，这些脂肪在骆驼得不到食物的时候，能够分解成骆驼身体所需要的养分，成为骆驼生存的能量。骆驼能够连续四五天不吃不喝，靠的就是驼峰里的脂肪。另外，骆驼的胃也很特别，那里有许多瓶子形状的小泡泡，正是贮存水的地方，确保骆驼即使几天不喝水也平安无事。

骆驼的神奇之处还不仅仅在于耐饥耐渴，更在于它总是能够奇迹般地在沙漠中找到水源。骆驼的这一神奇之处，要得益于它灵敏的鼻子，能够很好地利用气味语言。骆驼的鼻孔里长有瓣膜似的结构，上面密布嗅觉细胞，就是它们使得骆驼的嗅觉极其灵敏。

在沙漠中，有水源的土壤会滋生出各种菌类，这样就会散发出一种特殊的气味。而骆驼对这种气味是特别敏感的，即使在很远的地方，骆驼也会循着

知识链接　骆驼与生存环境

骆驼能够在艰苦的沙漠里生活，非常地耐饥耐渴，都是长期以来为了生存适应环境的结果。骆驼的块头虽然大，可是攻击力一点儿都不强。在动物的世界里，攻击力不强就只能任人宰割了。骆驼的祖先没有选择进化出獠牙、利爪，而是选择了退让，他们选择没有动物可以生存的沙漠，把那里作为它们生存的天地。

知识链接 单峰骆驼和双峰骆驼

骆驼有两种：有一个驼峰的单峰骆驼和两个驼峰的双峰骆驼。单峰骆驼比较高大，在沙漠中能走能跑，可以运货，也能驮人，产于非洲北部、亚洲西部，也有部分是来自非洲之角、苏丹共和国、埃塞俄比亚和索马里；双峰骆驼四肢粗短，更适合在沙砾和雪地上行走，原产在亚洲中部土耳其斯坦、中国和蒙古。

除单峰驼和双峰驼外，还有四种生活在南美洲的类似骆驼的骆驼科动物：大羊驼、阿尔帕卡羊驼、原驼和小羊驼。

知识链接 骆驼的特殊"装备"

沙地软软的，人脚踩上去很容易陷入，而骆驼的脚掌扁平，脚下有又厚又软的肉垫子，这样的脚掌使骆驼在沙地上行走自如，不会陷入沙中。骆驼的眼睛长有很长的睫毛，长睫毛可保护眼睛免受强日光照射，也可防止在沙尘暴条件下沙子等异物进入。即

使沙子钻进眼睛，只需几滴眼泪，就能把它冲洗出来。骆驼的耳朵里有毛，能阻挡风沙进入；骆驼的鼻子还能自由关闭。骆驼的皮毛很厚实，冬天沙漠地带非常寒冷，骆驼的皮毛对保持体温极为有利。

这些"装备"使得骆驼一点儿也不惧怕风沙。

这种气味顺利找到水源。据研究发现，顺风时骆驼可以嗅出 60 千米以内的水资源和草地，由此可见，骆驼的嗅觉是多么灵敏。

骆驼不但能靠着嗅觉找到远处的水源，而且还能凭借气味预知风暴的到来。每当风暴来临之前，骆驼就会首先感知，然后伏下不动。在沙漠里行走的人见此情景，就知道将有风暴来临了，就会立即作好预防准备。

为了生存，骆驼一代一代地进化过来，最终适应了几乎是世上所有生物无法适应的沙漠生活。在茫茫的沙漠之中，骆驼无疑是一道亮丽的风景线。

 狗的鼻子为什么那么灵

我们都知道，狗是一种最常见的动物。由于它们忠实于主人，听主人的话，因此就有"义犬"的称谓。

俗话说，"子不嫌母丑，狗不嫌主贫"。狗的忠心是很感人的，即使主人的家境不好，甚至是三餐难保，但他所饲养的狗，也绝对不会弃主人而去，总是忠心耿耿，尽职尽责，做好自己看家护院的工作。即使是主人只能给狗吃些残羹冷炙，狗也会心甘情愿地忠心对待主人。

如果主人迫不得已将狗送给别人饲养，或者主人离开了狗，几年之后忽然见面，狗还是会认得主人的。

那么，为什么狗离开主人多年后还会认得主人呢？

金毛猎犬

其实，这跟狗的嗅觉有很大的关系，狗是利用气味语言的高手。

狗是以其嗅觉灵敏而著称。人的嗅觉细胞仅有 500 万个，覆盖鼻腔上部黏膜的一个很小的部分，大概仅有 5 平方厘米的大小；但是狗竟有嗅觉细胞 22000 万个，在鼻腔中占有面积达到 150 平方厘米，能分辨出大约 200 万种物质，比人类的嗅觉要灵敏 100 万倍。

狗几乎可以依据味道找到任何一个要找的东西。人与人之间的气味是有差别的，当然人本身根本分辨不出来，但是狗却可以准确无误地嗅出人与人之间的气味差别，因而与主人久别重逢便会很快相识。如果狗生病了，它们的鼻子就会发干，这时嗅觉也就不那么灵敏了。

狗之所以看见陌生人会狂吠，就是因为它不熟悉生人身上的气味，而对主人不会乱叫反而摇尾巴，则是因为它已经熟悉了主人的气味。

据研究发现，狗具有很强的领地意识，就是对于自己的领地会加以保护，不让其他动物侵入。狗用趾间汗腺分泌的汗液和后肢在地上抓画，作为领地记号。

仔细观察会发现，狗喜欢嗅闻任何东西，嗅闻自己的领地、陌生的狗、

知识链接　狗在睡觉前会原地转圈

狗在睡觉之前，总是喜欢在原地转圈，转够了才会躺下睡觉。它为什么要这么做呢？原来，睡觉之前转圈是它们长久以来养成的一种习惯。

在动物世界中，与老虎、豹子相比，野狗是相对弱小的。在古代，狗还没有被驯化的时候，野狗经常遭到一些猛兽的袭击。为了防备这些猛兽的攻击，野狗在休息或睡觉之前，总是围着自己的住处转几圈来观察周围的情况，完全确定没有危险之后，才会躺下安心入睡。

虽然后来有些野狗被驯化成家狗了，但是家狗却将野狗的一些生活习性沿袭了下来。

🔍 知识链接　狗为什么总爱伸着舌头？

在炎热的夏天，狗总是喜欢张开嘴巴，伸出舌头喘气，尤其在跑动后，更会伸着舌头快速喘气。看它的样子，热得难受，猜想一定会大汗淋漓。可是你去触摸它的身体，会发现，尽管它热得"发烫"，却没有一滴汗水。这是怎么回事呢？

其实，狗的汗腺不像人和多数哺乳动物那样在身体表面，而是在它的舌头上面。狗张开嘴巴伸出舌头喘气，目的就是为了加速呼吸和排汗，通过水分蒸发，将体内多余热量散发出体外，达到降温的目的。即使不是在炎炎夏日，狗在狩猎或打架等剧烈运动后，同样会张开嘴，伸出舌头来散发热量。

🔍 知识链接　狗的储食性

熟悉狗的人可能见过狗往土里埋骨头的行为，狗为什么会这么做呢？在动物的世界里，有些动物为了防止"断粮"，它们都会预先储存一些食物，人们称这种习性为储食性。

狗具有储食性，所以在野外常可看到狗用爪子刨坑，刨完之后，把动物的骨头埋进去，然后用土盖上。狗的这种储食性是从祖上传下来的。狗的祖先都是野生食肉动物，主要以野兔等草食动物为食，有时它们会因捕捉不到小动物而忍饥挨饿。为了防止"断粮"，它们就逐渐养成了储食性，把吃剩下的小动物埋进土里去。后来经过人类的长期驯化，虽然狗的食物不再短缺了，但是它们的这一习性却保留了下来。

食物、毒物、粪便、尿液等等。

经常可以看见狗在外面散步的时候，会在电线杆或树木的旁边嗅闻，然后就抬起后腿把尿撒在电线杆和树的根部，这是狗在划分自己的"领地"。

在狗的尿液里面有种特殊的气味，这种气味叫信息激素，狗就是利用这种信息来划分范围的，别的狗闻到这种尿液的时候，就会知道这里是其他狗的势力范围了，不会随便侵入。

56 老虎用气味界定自己的势力范围

老虎不仅是亚洲陆地上最强的一种食肉性动物，还是世界上体型最大的一种猫科动物。

老虎在亚洲广泛分布，它们的适应能力非常强，从南方的高山峡谷一直到热带雨林，再到北方寒冷的西伯利亚地区，都可以见到老虎威武雄壮的身影。

老虎常用气味语言圈划自己的领地。

但是老虎对环境的要求很高，各老虎亚种在所属的食物链中都是处于最顶端的，它们强大的爪子和锋利的牙齿使它们在自然界中几乎没有什么天敌。再加上老虎凶猛的天性，更使它们成了动物世界中当之无愧的"国王"。

老虎猎取动物的时候，总是藏在灌木丛或高大的树丛中，以偷袭的方式猎杀走近的动物。突然猛扑过去，先咬住猎物颈背要害部位，将其弄死后，拖到隐蔽处再吃。

人们常说"一山不容二虎"，的确，老虎的领地意识是非常强的。常

"狮虎兽"与"虎狮兽"

狮和虎都是猫科动物，算是近亲，所以有一定概率可以交配产子。老虎、狮子本是水火不相容的两个物种群，但是它们也可能相识、相恋、相爱，虽然这种情况下怀孕的概率极低。即使在人工饲养的环境下，老虎、狮子交配受孕的机会也仅为 1%～2%。但是，概率低不等于没有，狮子和老虎还是可以产下它们共同的后代的。一般人们把雄狮与雌虎生下的幼子叫"狮虎兽"，把雄虎和雌狮生下的幼子叫"虎狮兽"，这两种都极其罕见。据资料显示，目前世界上存活的"虎狮兽"和"狮虎兽"也只有为数不多的几只。

老虎轻易不伤人

提起老虎，人们就会觉得很害怕，因为在人们的印象中，老虎是吃人的啊！《武松打虎》的故事我们很小的时候就听过，而且记忆深刻。其实，老虎是不会轻易伤人的，老虎伤人的原因有两种：一是遇到人的袭击时，老虎会选择伤人，特别是老虎在受了伤的情况下，往往会拼命与人进行生死搏斗；二是老虎实在找不到食物，饥饿难忍时，也会铤而走险，选择吃人充饥。多数情况下，是由于老虎年老或受了伤，跑得不快了，追不上其他猎物，斗不过大的野兽，最后迫于生存需要才不得不去袭击人类。

145

用气味语言圈划自己的领地。

老虎是一种独居动物，每只老虎都有自己的领地。当雄虎和雌虎巡视领地时，会举起尾巴将有强烈气味的分泌物和尿液喷在树干上或灌木丛中，用以界定自己的势力范围。有时也会用锐利的爪子在树干上抓出痕迹，或在地上打几个滚，留下一些虎毛，用以界定自己的势力范围。

尽管老虎是一种独居动物，领地意识非常强，但是雄虎仍可能常和自己的配偶及孩子们待在一起。成年老虎，尤其是同胞兄弟姐妹之间，可以在一段时间内相互协作，同甘共苦，共享收获。无论如何，雄老虎总会对自己的领地严格捍卫，一旦领地面积过大，就难免有别的动物闯入。面对各种各样的入侵者，雄虎通常是奉行强硬的攻击策略。

也就是说，只要是雄虎用气味圈过的地方，就属于它的势力范围了，过界者，杀无赦。有些聪明的动物，一闻到雄虎留下来的味道，就知道"这是一个是非之地，还是远离的好"。

知识链接

丛林之王——东北虎

东北虎也叫西伯利亚虎、阿穆尔虎（"黑龙江"俄语为阿穆尔河）、乌苏里虎、满洲虎、朝鲜虎，生活在俄罗斯西伯利亚和远东地区，是体形最大的老虎，长达3米左右，重300千克左右，可以轻易地搏杀一头壮牛。

东北虎也是体色最美的老虎之一。它毛色浅黄，背部和体侧具有多条横列黑色窄条纹，毛厚，不畏寒冷。头大而圆，前额上的数条黑色横纹，中间常被贯通，看上去就像一个"王"字，故东北虎有"丛林之王"的美称。

第五章

它们的"语言"与众不同

57 "活雷达"怎样探测物体

蝙蝠虽然能飞,但它并不是鸟,而是一种哺乳动物。蝙蝠是胎生的,幼蝠趴在母蝠的身上,吃母乳长大,是一种会飞的小型兽类。

蝙蝠

蝙蝠虽然不能像大型兽类那样四脚着地行走,但它也有四肢,只是它的前肢退化了,前后肢间有一层薄薄的翼膜,就是蝙蝠的"翅膀"。

蝙蝠是典型的"夜行侠",白天它们都在漆黑的山洞或建筑物里睡觉,直到天黑了才会出来。别的动物一般是白天活动,晚上睡觉,这样在夜间蝙蝠出来活动,就能够趁别的动物熟睡时捕食。蝙蝠在黑夜追捕昆虫的急速飞行中,能准确地猎获小虫,灵敏地绕过空中各种障碍物。即使在屋里或森林里飞行,也不会碰壁撞树。为什么蝙蝠能够在夜晚看清楚别的动物呢?难

知识链接 蝙蝠是"福气"的象征

在我国,由于"蝠"字与"福"字同音,所以在中华的文化里,蝙蝠是"福"的象征,这在许多留存的古老建筑以及砖刻、石刻中可以见到,更有甚者让它们的形象出现在年画上。其实,蝙蝠虽然相貌丑陋,但还是很有益处的。大多数蝙蝠以吃昆虫为生。由于蝙蝠能捕食大量的昆虫,因此它在昆虫的预防方面起着很重要的作用,对害虫的控制也具有非常大的益处,能够起到保护农田的作用,从这一方面来说,蝙蝠也的确能给人们带来一定的福。

道蝙蝠真的有一双"夜视眼"吗?

其实,蝙蝠的视力非常差,并没有一双"夜视眼"。生物工作者做过的试验证明,蝙蝠高超的飞行和追捕飞虫的本领,原因不在于它的眼睛和鼻子上,而是在它的耳朵和嘴上。它是利用嘴发出的超声波和耳朵听见的回声,来辨明方向和寻找食物的。

具体来说,蝙蝠所发出的超声波是由它的喉部产生的,再通过嘴发射出去。当遇到虫子或障碍物时,超声波便会被反射回来,蝙蝠的耳朵接收到这些回波的信号后,能够很快判定物体的方位和距离。如果是自己所需的食物,就进行捕捉;如果是障碍,就进行躲避。科学家常把蝙蝠的这种探测目标的方式,叫"回声定位"。

蝙蝠利用超声波捕食的能力是很强的,它追捕飞虫的灵活性和准确性非常惊人,它在1分钟内平均能够捕猎飞虫14只。另外,蝙蝠回声定位系

知识链接 倒挂着身体睡觉

蝙蝠是唯一会飞行的哺乳动物,它们晚上飞到洞外去捕捉昆虫,白天则在洞中睡大觉,到了冬天,蝙蝠还要冬眠。

蝙蝠喜欢在孤立的地方休息睡觉,比如山洞、缝隙、地洞或建筑物内,也有睡在树上、岩石上的。睡觉时后肢钩住屋檐,身体倒挂着。为什么蝙蝠睡觉喜欢倒挂着?其实,这是由蝙蝠的身体结构决定的。蝙蝠的前肢只有一个爪钩,不能着地,只能用来辅助攀爬,而后肢上的大爪钩,非常适于悬挂。再加上蝙蝠的翼膜又宽又大,又小又短后肢与翼膜相连。这种前重后轻的身体也非常适于悬挂,而且蝙蝠的这种睡觉姿势,一旦有了危险便能快速地伸展开翼膜飞起,非常灵活方便。

统的抗干扰能力是很强的，在干扰噪声比它原发出的超声波强 100 倍的时候，蝙蝠依然能够准确分辨。

蝙蝠就是凭借高度灵活、精确的回声定位系统，在夜间准确探路，顺利觅食，难怪人们都称它为"活雷达"。其实蝙蝠习惯在夜间出来还有一个原因，蝙蝠翅膀宽大且没有毛，如果白天出来一定会被太阳晒得很惨，晚上出来就可以避开其他动物和高温阳光的伤害。

58 海豚如何使用超声语言

海豚是体型较小的鲸类，是由陆生哺乳动物进化而来的，大约在 5000 万年前进入水中生活。

海豚

在这个过程中，它们原本被毛的体表变成了光滑的皮肤，而且内有一层很厚的脂肪层，用以隔绝冷水的温度；身形变为流线型，更加适于在水中游动；外耳结构逐渐消失，鼻子移到头的顶部成为呼吸孔，为了方便到水面上进行呼吸。

海豚和人类一样，都是靠肺来呼吸的。海豚主要以鱼类、虾类、乌贼、螃蟹等为食，已经适应了长期生活在海水中，身体内的肌肉和血液经过体内的生物反应，能释放出一些氧气，保证呼吸的需要。因此，海豚长时间潜在水中也不会被憋死。

海豚喜欢集群生活，少则几条，多则几百条一起活动，海豚有着惊人的听觉，声音语言被它们运用得得心应手。另外，海豚还有一项特别本领，可以发出超声语言，以回声定位来判断目标的方向、远近、形状、位置，

甚至是物体的性质等。

海豚可以根据回声的强弱，判断前方障碍的远近、大小。回声定位功能给予海豚在深海的黑暗环境中捕猎的本领。海豚还能够通过超声语言交流情形，展开讨论，商定最后的办法。

有资料显示，曾有人记录下了一群海豚遇到障碍物时的情景。首先，一只海豚先游了出去，利用它的"回声定位器"对周围的情况进行侦察，侦察了一番回去之后，向其他海豚做侦察报告，其他海豚听了报告之后，便展开了非常热烈的讨论，大约经过了半小时后，海豚们的讨论有了结果：前面的障碍物不能带来生命危险，大家不必害怕。于是这群海豚就穿游了过去。

经过不断的研究积累，人们现在已经能够听懂海豚的一些语言信号了。当海豚遇到危险呼救的时候，开始的声调会很高，而后会逐渐下降。比如，当海豚因受伤不能升上水面进行呼吸时，就会发出这种从高到低的尖叫声，召唤附近的伙伴火速前来帮助。有人甚至大胆假设，我们人类可以直接使

知识链接　高智商的海豚

在水族馆里，海豚能按照训练师的指示进行各种表演，它似乎能听懂训练师的语言。那么，海豚的智商到底有多高呢？

海豚是一种聪明伶俐、本领超群的海中哺乳动物，在动物中，它们的大脑是相当发达的。一只海豚的脑均重为 1.6 千克，人的脑均重约为 1.5 千克。海豚脑部神经细胞的数目比人类或黑猩猩的还多，密度相差无几，所以海豚脑部的记忆容量和信息处理能力与灵长类动物不相上下。所以，经过训练，海豚能进行跳火圈、打乒乓球等运动。

知识链接　海豚的救人行为

　　我们经常会听到海豚救人的信息，海豚为什么会救人呢？曾有人认为，海豚救人是智慧所为，因为海豚很聪明，所以当人落难时可以赶去援助。对于这一观点，多数科学家予以否定，他们认为，海豚虽然聪明，但还不具有救人的意识。因为要有意识地救人，必须先有判断能力，然后有救人的责任感，再采取行动去救人。海豚终究是动物，这些复杂的救人思维是它所不具有的，所以海豚的救人行为完全属于无意识行为。

　　海洋生物学家长期观察研究后得出结论：海豚救人与它的固有行为有很大的关系。

　　小海豚出生之后，海豚妈妈会将它托出水面，让它进行呼吸，这种行为甚至可达几小时、数天之久。海豚彼此之间也常常相互帮助，特别是某个海豚生病或负伤后，常常能得到其他海豚的帮助。海豚生性善良，喜欢玩耍，经常推动海面的漂浮物体进行游戏，而且海豚与人类相处得非常友好，甚至会主动找人进行游戏。因为海豚具有这些固有行为，所以当一个人溺水时，海豚遇到会误以为是一个漂浮的物体，就本能地将其托起。

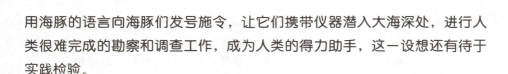

用海豚的语言向海豚们发号施令，让它们携带仪器潜入大海深处，进行人类很难完成的勘察和调查工作，成为人类的得力助手，这一设想还有待于实践检验。

　　海豚除了能使用超声语言，还有一生不睡的本领。海豚的大脑由两部分组成，这两部分完全隔离开。当其中一部分工作时，另一部分进入休息状态，每隔十几分钟，大脑两边的活动方式变换一次，因此，海豚可以一生都不睡觉，总是处于活动之中。

59 萤火虫的"荧光语言"召唤

在盛夏的夜晚，当我们在庭院中纳凉或者到田野中散步的时候，就可以看到忙碌的萤火虫，它们飞来飞去，而且发出一闪一闪的光，为夏日的夜晚增添了许多趣味。

萤火虫的光有黄绿的，有橙红的，亮度也各不相同。

如果我们把它们捉起来，放进小玻璃瓶里，就可以很清楚地看到萤火虫是如何发光的了。

萤火虫发光的部分是在腹部最后两节，这两节在白天是灰白色，在夜晚才能发出光亮。光亮是通过透明的表皮发出来的，表皮下面有一些能发光的细胞，

发光的萤火虫

知识链接 萤光下的爱情

人们在夏天夜里能看见一闪一闪的萤火虫，其实，那是雄性萤火虫在寻找雌虫。雌性萤火虫在发现雄性萤火虫的光后，即爬上草丛，在草茎上闪光，经过雌雄几次对光传达信息之后，雄性萤火虫便循着雌性萤火虫所发出的光飞下来与雌性萤火虫交配。交尾结束后，雌雄萤火虫都会同时将光减弱，重新回到草丛中去。隔一段时间，雌性萤火虫便产下能发出微弱萤光的数百颗卵粒。

发光细胞的下面又是一些能反射光线的细胞，其中充满着小颗粒，称为线粒体。就是这些线粒体，能够把身体里所吸收的养分氧化，合成某种含有能量的物质。发光细胞里含有数不清的线粒体，这些线粒体能制造比较多的含有能量的物质，而且发光细胞还含有两种特别的成分：一种叫荧光素，一种叫荧光酶。荧光素和含能量的物质能够结合，在有氧气时，受荧光酶的催化作用，就能使化学能转化为光能，发出亮光。我们看到萤火虫的亮光都是一闪一闪的，这是因为萤火虫能控制对发光细胞的氧气供应多少的缘故。

我们看到萤火虫发光的颜色不同，这是因为萤火虫的发光细胞中所含的荧光素和荧光酶各不相同。

萤火虫之所以发出一闪一闪的光亮，这是交配季节的雌雄萤火虫之间的联络信号。雄萤火虫首先发出有节奏的闪光信号，传递求偶信息，雌虫发出光信号回应，应答与呼应之间有格式固定和结构严密的间隔，在此期

知识链接　**萤火虫的习性**

萤火虫幼虫分为水生和陆生两种。萤火虫幼虫一般需要六次蜕变才能进入蛹的阶段。幼虫喜吃螺类和甲壳类动物，捕捉猎物后，会先将猎物麻醉，再将含消化的物质注入猎物身体内，把肉分解。萤火虫走起路来一屈一伸的，像尺蠖蛾的幼虫一般，当遇到危险时，便赶紧把头缩到前胸背板内。

萤火虫喜栖于潮湿温暖、草木繁盛的地方，专吃蜗牛和钉螺，是一种益虫。斯里兰卡曾采用萤火虫来对付祸害农作物的蜗牛呢！我国和日本曾经利用萤火虫控制血吸虫病，取得了良好的效果。

间完成交配。如果人们将捉来的萤火虫装在小玻璃瓶中，可以看见瓶内萤火虫一闪一闪的，有被引诱的较远处的萤火虫向小瓶飞来。据研究发现，萤火虫不但成虫能够发光，它的卵、幼虫和蛹也都能发光呢！

猫的胡须剪不得

人们都认为，猫的眼睛能明察秋毫。然而，在伸手不见五指的夜晚，它却需要依靠胡须和耳朵来助"一臂之力"。

无论是宠物猫还是野猫，都有着漂亮的胡须。猫的胡须可不光是长着好看的，它还是一种特殊的感觉器官。猫经常用胡须感知外界的信息，以便自己在漆黑的夜晚也能灵活地活动。

猫的胡须的根部有极细的神经，当猫在黑暗中或狭窄的地方行走时，只要稍微触碰一下，立即就能感知周边道路的情况，以便自己能够轻松自如地活动。

此外，在黑暗环境中，猫的胡须还能够通过感知空气中轻微压力的变化，来识别和感知周围的物体。因此，有人把猫的胡须比作雷达的天线。猫的胡须是猫身上最灵敏的器官，特别是在夜间抓老鼠的时候，它能依靠胡须探知老鼠洞的大小，然后确定自己的身体能否通过。

所以，不要轻易把猫的胡须剪掉，如果把猫的胡须剪掉，猫的感觉被打乱，灵敏度会立即减弱。因此，猫的胡须是剪不得的，不能认为猫须太长就把它剪掉。

猫的胡须是种特殊感觉器官。

猫除了用胡须探测之外，还要用耳朵搜集信息。猫的耳朵很特别，能够前后转动，可以灵活搜集不同方向传来的声音。所以，在漆黑的夜里，再狡猾的老鼠也逃不过它的耳朵。

知识链接

猫曾为"圣兽"

猫在古埃及，被人们当作神来膜拜。因为猫会抓老鼠，使得当时的人们免受老鼠的折磨；从埃及金字塔出土文物中发现有猫的壁画、猫样陶偶，甚至有猫的木乃伊与法老同葬。猫曾被人们尊崇为圣兽。

知识链接

猫中王子——暹罗猫

暹罗猫又称西母猫、泰国猫，是世界著名的短毛猫的代表品种。暹罗猫原产于泰国（"泰国古时被称为'暹罗'"），在两百多年前，暹罗猫仅在泰国的土宫和大寺院中饲养，是足不出户的贵族。泰王宫内喜欢饲养暹罗猫，宫廷里的人会像对待王子和公主一样精心饲养它们。暹罗猫经常被打扮得珠光宝气，用具也是很上档次的，连喝水吃饭用的碗都是金碗或者银碗。